U0684679

高校大学生心理健康与心理辅导研究

黎展毅◎著

中国原子能出版社

图书在版编目（CIP）数据

高校大学生心理健康与心理辅导研究 / 黎展毅著
. -- 北京 ：中国原子能出版社，2022.11
　　ISBN 978-7-5221-2264-9

　　Ⅰ．①高… Ⅱ．①黎… Ⅲ．①大学生－心理健康－健
康教育－研究 Ⅳ．① G444

中国版本图书馆 CIP 数据核字（2022）第 207760 号

高校大学生心理健康与心理辅导研究

出版发行	中国原子能出版社（北京市海淀区阜成路 43 号　100048）
责任编辑	张　磊　杨晓宇
责任印制	赵　明
印　　刷	北京天恒嘉业印刷有限公司
经　　销	全国新华书店
开　　本	787 mm×1092 mm　　　1/16
印　　张	12.25
字　　数	213 千字
版　　次	2024 年 1 月第 1 版　　　2024 年 1 月第 1 次印刷
书　　号	ISBN 978-7-5221-2264-9　　　**定　价** 72.00 元

作者简介

黎展毅　女，1980 年 12 月出生，广东省佛山市人，毕业于广东工业大学，博士，现任广东工业大学讲师。研究方向为马克思主义理论与思想政治教育，主持并完成广东省教育科学"十三五"规划研究项目（德育专项）一项、校级课题三项，发表论文多篇。

前　言

随着科学技术的迅猛发展，社会生活的各个领域都面临着严峻的竞争和挑战。大学生作为社会的主要后备力量，肩负着建设国家的艰巨任务，他们所要面临的压力是巨大的。思想观念多样、学习节奏加快、环境适应困难、自我意识淡薄、人际关系复杂、就业形势严峻、人才竞争激烈等一系列问题对大学生的心理健康都产生了很大的影响。大学生是祖国的未来，是社会的栋梁，是人类进步的希望，但在当代大学里，大学生不但学业负担重，而且时常感受到来自社会、家庭的各种压力，特别需要温暖、关怀、支持和指导。

本书立足大学生心理健康与心理辅导的话题，研究大学生心理健康问题和心理咨询问题，帮助广大读者了解大学生的心理健康问题。本书第一章为心理辅导概论，主要从正确认识心理辅导、心理辅导的发展历史、心理辅导的类型和过程三个方面出发。本书第二章讲述了大学生心理健康概述，主要从心理概述、大学生心理概述、大学生心理健康与标准、大学生心理健康教育发展新趋势四个方面出发。本书第三章为大学生常见的心理问题，对于大学生心理健康状况及表现、大学生常见心理问题分类、影响大学生心理健康的因素、大学生心理调节的方法进行了一定的分析。本书第四章为大学生的网络心理与辅导，主要从大学生与互联网、大学生网络行为现状、大学生网络心理问题与调整这三个方面展开。本书第五章为大学生的学习心理与辅导，从大学生学习心理基础知识、大学生常见的学习心理障碍及调试、大学与创造力的发展与创造性的学习三个方面展开了论述。本书第六章为大学生的人际交往心理与辅导，从人际交往概述、大学生人际交往能力的培养、大学生人际交往调适三个方面展开了论述。本书第七章为大学生的恋爱心理与辅导，从恋爱心理概述、大学生恋爱特点、恋爱问题及调适几个方面展开了论述。本书第八章为大学生的挫折心理与辅导，从大学生的挫折心理概述、挫折对大学生心理的影响、大学生挫折心理的应对三个方面展开了论述。

在撰写本书的过程中，作者得到了许多专家学者的帮助和指导，参考了大量的学术文献，在此表达真诚的感谢。本书内容系统全面，论述条理清晰、深入浅出，但由于作者水平有限，书中难免会有疏漏之处，希望广大同行批评指正。

作者

目 录

第一章　心理辅导概论 ……………………………………………… 1
　第一节　正确认识心理辅导 ……………………………………… 1
　第二节　心理辅导的发展历史 …………………………………… 7
　第三节　心理辅导的类型和过程 ………………………………… 10

第二章　大学生心理健康概述 …………………………………… 17
　第一节　心理概述 ………………………………………………… 17
　第二节　大学生心理概述 ………………………………………… 21
　第三节　大学生心理健康与标准 ………………………………… 32
　第四节　大学生心理健康教育发展新趋势 ……………………… 37

第三章　大学生常见的心理问题 ………………………………… 47
　第一节　大学生心理健康状况及表现 …………………………… 47
　第二节　大学生常见心理问题分类 ……………………………… 54
　第三节　影响大学生心理健康的因素 …………………………… 58
　第四节　大学生心理调节的方法 ………………………………… 65

第四章　大学生的网络心理与辅导 ……………………………… 70
　第一节　大学生与互联网 ………………………………………… 70
　第二节　大学生网络行为现状 …………………………………… 77
　第三节　大学生网络心理问题与调整 …………………………… 81

第五章　大学生的学习心理与辅导···89

　　第一节　大学生学习心理基础知识···89

　　第二节　大学生常见的学习心理障碍及调试·····································96

　　第三节　大学生创造力的发展与创造性的学习·································105

第六章　大学生的人际交往心理与辅导···111

　　第一节　人际交往概述··111

　　第二节　大学生人际交往能力的培养··119

　　第三节　大学生人际交往调适···136

第七章　大学生的恋爱心理与辅导···142

　　第一节　恋爱心理概述··142

　　第二节　大学生恋爱特点、问题及调适··148

第八章　大学生的挫折心理与辅导···165

　　第一节　大学生的挫折心理概述··165

　　第二节　挫折对大学生心理的影响···171

　　第三节　大学生挫折心理的应对··178

参 考 文 献···183

第一章　心理辅导概论

随着高校大学生心理健康教育的不断深化，越来越多的大学生对心理辅导有了科学的认识，愿意走进学校心理辅导室的大门，和辅导老师进行沟通，接受心理辅导，但仍有许多大学生对于心理辅导存有偏见和顾虑，不能科学地评价心理辅导，拒"心理辅导"于门外，宁可长期在负面情绪的困扰下纠结、难过，也不愿主动踏出这一步。正确认识心理辅导，了解大学生心理辅导的类型和途径，可以帮助大学生获得健康的辅导观，在辅导的帮助下更加有效地解决心理困惑，提升心理健康水平。本章主要介绍了正确认识心理辅导、心理辅导的发展历史、心理辅导的类型和过程三个方面。

第一节　正确认识心理辅导

一、心理辅导概述

（一）什么是心理辅导

关于"心理辅导"，国内外至今尚无公认的统一定义，对其内涵与外延的界定因各理论流派的观点不同而存在差异。较有代表性的论述包括以下三种。

国外学者认为心理辅导是一个过程。辅导人员与来访者的关系能给予后者一种安全感，使他可以从容地放开自己，甚至可以正视自己过去曾经否定的经验，然后把那些经验融合于已经转变了的自己，进行调整。

国内学者认为心理辅导是一个过程。在这个过程中，一位受过专业训练的心理辅导人员，致力于与来访者建立一种具有治疗功能的关系，来协助对方认识自己、接纳自己，进而欣赏自己，以克服成长中的障碍，充分发挥个人的潜能，使人生统合并有丰富的发展，迈向自我实现。

此外，部分国内学者还认为心理辅导就是帮助人们去探索和研究问题，使得他们能决定自己应该做些什么。心理辅导应明确三个问题：一是待解决问题的性质；二是辅导人员的技术；三是所要达到的目标。

综上所述，心理辅导就是来访者就心理、精神方面的问题，找辅导人员进行诉说、商讨和询问，以寻求问题解决的过程。心理辅导就是在辅导人员的启发和帮助下，在良好的人际氛围中，使来访者的潜能得到发挥，从而找到产生心理问题的原因，辨明心理问题的性质，寻求摆脱心理困扰的条件和对策，达到恢复心理平衡、增强心理素质、提高适应能力、增进身心健康的目的。

（二）对心理辅导的基本认识

第一，心理辅导解决的是来访者心理或精神方面存在的问题，而不是帮助他们处理生活中的具体问题。例如，一位宿舍人际关系紧张的大学生，希望辅导人员替他向辅导员交涉换宿舍的问题，但是，这个问题不在心理辅导人员的工作范围之内。

第二，心理辅导是一种职业化的助人行为，而不是一般的助人活动。心理辅导有特定的目的和任务，解决问题有专门的理论和方法，是一种有目的的、有意识的职业行为。它重在帮助人分析内心的矛盾和冲突，探讨影响其情绪和行为的原因，协助他们自我改变，而不是人与人之间一般的社会交往。

第三，心理辅导强调良好的人际关系氛围。在这种良好的人际关系中，来访者可以向辅导人员袒露自己的隐私、痛苦和软弱，辅导人员则可以将来访者意识不到的思想和感受反馈给来访者，帮助来访者重新认识自己和接纳自己。因此，这种良好的人际关系的氛围是有治疗功能的。

第四，辅导是一种学习和人格成长的过程。通过心理辅导，来访者从不能自强自立到能够自强自立，从不能正确看待自己到学会正确看待自己，减少内心矛盾和冲突，从不善交往或具有交往焦虑的困扰到学会怎样与他人和睦相处，最终发挥出在生活的各个领域的最大潜能。

二、心理辅导的原则

在心理辅导的过程中遵循基本的原则是心理辅导的根本要求，是辅导人员与来访者建立良好人际关系的重要条件，也是有效运用辅导方法和技术从而获得良好辅导效果的重要保证。心理辅导的基本原则可以概括为以下七个方面。

（一）自愿原则

心理辅导是建立在辅导人员和来访者双方"知情同意"基础上的。来访者必须以完全自愿为前提，辅导人员不能以任何形式强迫来访者接受或维持心理辅导。这不仅是对当事人的尊重，也是确定平等信任人际关系的先决条件。首先，心理辅导的根本目标是帮助来访者自助，那么自助的前提必定是来访者能意识到自己心理不适并为之而烦恼，且有自我改变的意愿和动机，并能积极主动地寻求辅导人员的心理援助。其次，缺乏来访者的意愿和合作，辅导人员难以与来访者建立良好的人际关系，而良好的人际关系又是心理辅导得以开展和维持的前提。不仅是辅导的开始，而且辅导的整个过程以及终止辅导都要以来访者的意愿为前提。在大学生心理辅导中，把握此原则显得尤为重要，因为学校普遍存在的是教育与被教育的既定关系模式，辅导人员有时处于教育者的角色，从而带有不平等的意味。因此，辅导人员不能以教育者的身份强制学生前来辅导，给学生以结论性建议，来访者也不应以被教育者的身份强迫自己完全服从于辅导人员。在高校心理辅导中，辅导人员与来访者都应积极调整心态，以一种平等相待的态度做好角色转换，以保证心理辅导的顺利进行。

（二）发展性原则

这一原则要求辅导人员在心理辅导过程中以发展变化的观点来看待来访者的问题，不仅要在分析问题和把握本质时善于用发展的眼光做动态考察，而且在解决问题和预测辅导结果时也不宜轻易将来访者的问题归为某种心理障碍或某种疾病。在大学生心理辅导中，大学生的问题大多只是适应、交往和学习等方面的暂时性困难，因此，辅导人员不仅要了解来访者已有的发展历程和结果，还要帮助来访者开发潜能并提示来访者今后良好发展的可能性和发展方向。

（三）保密性原则

保密性原则是心理辅导中最重要的原则，它既是职业道德的要求，又是辅导双方建立和维系信任关系的基础，为维护心理辅导工作的信誉以及心理辅导工作的有效开展提供根本保障。心理辅导中，来访者要袒露大量的个人信息，并通过诊断和测量产生许多有关来访者的新信息，来访者自然会非常关心辅导人员如何对待和使用这些信息。对此，辅导人员有责任对来访者的有关资料予以保密，这是辅导人员的道德原则。而且这些资料还牵涉到来访者的个人隐私，一旦泄露会使某些来访者对辅导人员产生嫉恨。在此意义上，为来访者保密也是辅导人员有效的自我保护形式。因此，来访者的名誉和隐私权应受到道德上的维护和法律上的保护，在没有征得来访者同意的前提下，不得随意将来访者的隐私泄露出去。然而，对来访者资料保密并非绝对的、无限度的，在某些情况下，允许辅导人员公开来访者的资料、违背保密诺言。辅导人员在遵守保密原则的总前提下，对一些特殊情况应根据道德准则认可的方式予以处理；第一种情况是在公开案例研究、教学、演讲或发表有关文章而必须使用来访者的个人资料时，但要确认交流是在纯专业情景下进行的，并要注意文字技巧，不可透露任何可能体现来访者特征的内容，以避免被他人对号入座；第二种情况是为了来访者的利益，需要与其他辅导人员、教师或其父母等交换意见或采取配合措施时，但应先确认这样做是为了来访者的最大利益，需先向来访者说明这样做的理由以及其应该如何与第三方交流，得到来访者的同意和信任；第三种情况是辅导人员在辅导过程中意识到来访者有强烈的自杀或攻击他人的倾向、破坏公共设施的企图以及法庭要求提供个案资料时，此时必须进行解密，并且辅导人员不必先将此打算告诉来访者。

（四）时间限定原则

心理辅导必须遵循一定的时间原则。辅导时间一般规定为每次 50 分钟左右（初次受理时间可以适当延长），原则上不能随意延长辅导时间。首先，事先对心理辅导的时间予以限定，不仅可以使来访者有一定的安定感，而且还能够使来访者充分珍惜并有效利用时间；其次，限定时间不仅可以让来访者体验到辅导人员有自己的生活，而且还可以让他认识到除自己之外还有很多人也在等待辅导人员的帮助。辅导次数一般为每周一次或两次，这样可以让来访者在辅导间隔期间充分回味辅导时的体验，并将其作为走向适应和成长的刺激剂。当然，辅导时间的限定也不是绝对的，根据来访者的状态、心理发展程度以及年龄大小，可以适当缩短时间和间隔。

（五）感情限定原则

良好人际关系的确立虽然是顺利开展心理辅导的关键，有利于辅导人员与来访者心理的沟通和接近，但也是有限度的。辅导人员不要与来访者在辅导室以外有亲密接触和交往，不能对来访者产生爱慕和依恋之情。心理辅导室外个人之间过于亲密的接触，不仅容易使来访者过于了解辅导人员的内心世界和私生活，阻碍来访者的自我表现，而且也会使辅导人员在解决来访者心理问题时有所顾忌，以至于失去客观公正地判断事物的能力。

（六）多样性原则

心理辅导的形式应多种多样：除了个别心理辅导，还有团体心理辅导；除了直接辅导，还有间接辅导；除了面谈，还有电话、书信等辅导形式。在高校开展心理辅导，多样化的心理辅导形式可以满足大学生们不同的心理需求。

（七）防重于治原则

这一原则是指辅导人员应注意加强对人们常见的心理问题的分析和研究工作，努力掌握各种常见心理问题发生、发展的一般规律，从而促进这些心理问题的早期发现和诊治。在心理辅导过程中也要重视心理健康知识的宣传教育，对心理疾病做到预防重于治疗，这样可以更好地发挥心理辅导在促进人们心理健康方面的作用。

三、心理辅导的作用

心理辅导能够为人们提供全新的人生经验和体验。对于那些心理适应属于正常范围的人来说，辅导所提供的全新环境可以帮助他们正确认识自己与社会，处理各种关系，以便更好地发挥潜能，实现自我价值。对于那些由于心理问题而遇到麻烦的人，心理辅导可以帮助他们逐渐改变与外界格格不入的思维、情感和反应方式，并学会与外界相处的方法，提高工作效率，改善生活品质。

（一）帮助来访者建立新的人际关系

一名真正富有成效的心理辅导人员理应具有健全的心理特征，能够以来访者为中心，并且掌握丰富的人类行为知识和一套熟练地帮助别人的技巧，这就为心理辅导人员与来访者之间建立一种不同于以往的新型人际关系创造了条件。在心理辅导的关系中，来访者可以直抒胸臆而不必顾虑破坏性的后果，他们的冒险或失败都不必付出任何代价。在辅导中，他们可以做出过激的或冷淡的情绪反应，心理辅导人员常常用积极的态度去回应，促进来访者给出新的建设性的积极反应，并成功地运用于其他人际交往中。

（二）帮助来访者认识内部冲突

心理辅导可以帮助来访者认识到，大部分心理困扰是源于自己尚未解决的内部冲突，而不是源于外界，外部环境不过是一个舞台，内心冲突就在这个舞台上面展开。

（三）纠正错误观念

来访者通常确信他们十分清楚自己需要什么和在干什么，而实际上并非如此。来访者的观念往往是非理性的。心理辅导活动能够促进他们对自己的错误观念进行认真思考，以便找到更加理性的观念。

（四）深化来访者的自我认识

心理辅导人员可以引导来访者进行自我探索。当人们真正认识自己时，他们也就认识了自己的需要、价值观、态度、动机、长处和短处。而人一旦认识了自己，就可以随时根据自己的情况规划自己的人生。

（五）学会面对现实

前来辅导的人一般很善于逃避现实，往往会花很多时间来回忆过去、计划未来，话题总离不开昨天和明天，回避现在。来访者不仅通过躲避现实来减少自己的焦虑，总想按照自己的愿望摆布现实，而且还经常想方设法求得周围人的支持以利于他们逃避现实。辅导人员要促使其认识到这一点，引导其面对现实。

（六）增加心理自由度

大多数前来寻求心理辅导的人至少在一个相当重要的方面缺乏心理自由度，心理辅导人员会协助他们突破心理障碍，接受矛盾和不完美。

（七）帮助来访者采取新的有效行动

心理问题的要害不是来访者控制不住自己的思想和情欲，而是来访者无法通过有效的行动去改变或满足自己的思想和情欲。控制思想和情欲很难，控制行为比较容易，为什么不选择容易的去做呢？

第二节　心理辅导的发展历史

随着人们对心理健康的认识不断深入，对心理辅导的需求也愈来愈迫切。无论是生活方式的改变、人际关系的协调，还是家庭问题的出现、个人情绪的波动，都会给青少年带来压力，他们需要广泛地进行心理上的辅导，需要人们以教育者的爱心，医生的良心，心理学者的同情心，社会学者的责任心来共同完成这项庞大的心理辅导系统工程。尽管心理辅导的概念的界定尚未形成统一的观点，但是我们还是要突出辅导的专业属性。所谓心理辅导，主要指受过心理学训练的专业人员，以一般人为对象所进行的一种教育性的促进人心理健康的活动。心理辅导是一门新兴的综合性交叉学科。它是广泛应用于学习辅导、职业辅导和生活辅导等方面，融心理学、教育学、社会学、生理学、精神医学等众多学科为一体的新学科。现代心理辅导的兴起和发展，是与职业辅导、心理测量技术以及心理治疗的发展联系在一起的。

一、第一阶段：职业辅导发展阶段（1908—1920 年）

20 世纪初，美国的经济迅猛发展，社会发生巨大的变革，促使美国社会高度工业化，青少年失业情况严重，他们的求职就业和职业选择成了一个严重的社会问题。1901 年，热衷于社会改良运动的美国青年律师佛兰克·帕森斯在波士顿设立了公民服务机构，帮助失业青年和移民制订寻找职业的计划。1908 年，佛兰克·帕森斯创立了世界上第一个职业辅导机构——波士顿地方职业局。1909 年，佛兰克·帕森斯等人出版了职业辅导专著《职业选择》，提出帮助人们正确选择职业的三因素理论，确立了职业辅导在现代社会中的地位，标志着职业辅导理论的创立。辅导运动通过职业辅导和改善学校教育等方面的工作，广泛地开展到社会各个领域。辅导人员关心学生的个体差异，主张人人都有受到适当教育的权利，强调学校要因材施教，重视年轻人与社会的适应，从而得到社会的广泛认可。1913年，美国成立了职业辅导协会。职业辅导运动成为心理辅导理论和实践发展的早期动因，成为现代心理辅导的理论基石，帕森斯也因此被誉为"职业辅导运动之父"。1952年，职业辅导协会和其他人事方面的学术组织合并，组成"美国人事与辅导协会"，并出版了《人事与辅导杂志》。

另外，在这一时期正兴起的心理卫生运动也与心理辅导的发展有着密切的联系。1908年，比尔斯根据自己在精神病院的遭遇，写了一本发人深省的书——《自觉之心》，标志着近代心理健康运动的开始。此书的流传，推动了心理卫生的发展。1909年2月11日，美国又在纽约成立了全国心理卫生委员会。1917年，美国全国心理卫生委员会创办了《心理卫生》杂志，采用多种形式宣传、普及心理卫生知识，使心理卫生运动逐步在美国形成了一股热潮。

二、第二阶段：学习、生活辅导阶段（1920—1940年）

1929—1930年，美国的中小学开始引入辅导的观念，形成有系统、有组织的辅导部门，推广辅导方案，主要解决学生学业与个人问题。随后辅导工作推广至各个教育阶段，教育工作者与政府对辅导工作的功能日益肯定。1935年，美国纽约教师学会就认为辅导是帮助个体适应学习与生活的历程。后来，辅导活动开始从学校走向社区、家庭等。美国社会全面推广青少年的辅导，主要通过专业人员为教师提供学生成长和发展方面的专业知识以及辅导方法、技术等，使他们参与一般性的辅导工作，形成一个辅导学生成长的良好氛围。此阶段为过渡阶段，是辅导的普及和完善时期。

三、第三阶段：心理辅导阶段（1940—1960年）

在两次世界大战期间，由于军事上的需要，心理测量在美国得到迅速发展。第二次世界大战爆发后，美国政府动员所有的大学心理学实验室和其他研究机构进行军人心理学研究，并完成了大约 500 多个不同内容的军人心理学研究项目。与此同时，美国政府还动员了 2000 多名心理学专业工作者、精神病医生和随军牧师一起投入军人心理问题的防治。仅 1942—1946 年，受过军队心理测验的人数就多达 700 万。在此期间，美国军人心理学基础理论研究也取得了很大的进展：由美国著名心理学家波林编写的集 30 多个大学和有关机构理论研究之大成的《军人心理学》一书出版，受到各国军事心理学界的重视。军人心理学在指导美军训练、作战和管理中的作用得到了充分肯定。美国国防委员会曾经宣称：科学心理学方法的应用，是美国在第二次世界大战中获胜的一个重要因素。同时，职业辅导运动的发展也要求测量专家编制出各种实用、有效的心理测量工具。心理测量的发展能方便地得到人的心理机能或能力、态度和兴趣方面的材料，从而引导来访者对自己进行深入了解，选择最适合的职业。至此，职业辅导运动逐步向心理辅导方面转变，辅导开始变成一个以科学研究为基础的实践学科，其研究领域由职业辅导向人生的各种问题，甚至变态行为延伸。1953 年，美国心理学会将心理辅导（咨询心理学）作为第 17 个分支学科。1957 年后，由于美苏军备竞赛，辅导备受重视，美苏两国投入大量资金带动了辅导工作尤其是咨询的快速发展。

四、第四阶段：心理治疗阶段（1960 年至今）

20 世纪三四十年代社会的动荡，给美国乃至全球的民众带来许多心理问题。心理辅导开始走出教育和职业辅导领域，更多地为群体的社会适应、情绪调节、人际紧张及心理障碍服务。1942 年，卡尔·罗杰斯出版了《咨询与心理治疗》一书。1951 年，他提出了"以病人为中心的治疗"，强调辅导者与被辅导者之间平等、自然、信任的关系，对被辅导者要有同情心、真诚和无条件关注的态度，从而极大地拓宽了心理辅导的工作范围。从 1960 年开始，心理测量被引入辅导工作，从而出现了心理咨询。他强调运用心理学的知识和原则协助个体了解自我、认知环境、适应社会。此时，辅导和咨询交互使用。大学也设置了相关专业，学校、社区、医院等相继发展出相关的机构，与此同时，心理辅导开始从美国逐步向全球发展。

我国心理辅导工作总体来说起步较晚。1980 年以前，我国主要在精神医学领域开展了一些心理治疗方面的探索和尝试，主要包括药物、劳动、娱乐和教育相结合的快速综合疗法，钟式认识领悟疗法等。1980 年以后，随着改革开放的发展，心理辅导工作在短时间内有了较大发展。首先是一些精神病院和综合性医院精神科开始设立心理咨询门诊，开展临床心理咨询与治疗工作。1985 年，上海交通大学率先在全国高校成立面向大学生的心理咨询机构——"益友咨询中心"。此后，全国各主要高校相继开设了心理咨询中心或辅导站，以维护大学生的心理健康。中国心理卫生协会于 1987 年创办了《中国心理卫生杂志》。1990 年，中国心理卫生协会大学生心理咨询专业委员会在北京成立，标志着我国心理辅导学科的初步独立。2000 年，由北京师范大学心理学院学生倡导，每年的 5 月 25 日被定为"大学生心理健康日"。"5·25"是"我爱我"的谐音，预示着大学生主动关心自身的心理健康和发展已经蔚然成风。每年全国高校的心理健康教育机构都会大力协助学生开展丰富多彩、生动活泼的心理健康教育活动。

第三节　心理辅导的类型和过程

一、心理辅导的类型

心理辅导的形式多种多样，可根据不同的时间、地点或对象，采取不同的形式，目前在高校主要有三种常见的分类方法。

（一）按心理辅导的功能分类

1. 矫治性辅导

心理辅导的矫治性，是针对一些有情绪障碍、行为偏差以及学习和适应有困难的学生，帮助他们适应环境，消除各种异常心理和行为的产生。

2. 预防性辅导

所谓预防性辅导，不言而喻，辅导不是在学生的问题已较严重时才介入，而是在学生形成问题的初期就介入，辅导学生对自己的生活做好充分准备，以期防止学生心理疾病和不良行为问题的出现，并使学生建立良好的而又被社会所接受的态度和习惯、人际关系、道德行为以及社会责任感等。

3. 发展性辅导

发展性辅导强调要为学生营造一个充满教育意义的、别具一格的校园氛围，主动地优化学习的环境，通过各种程序（辅导方式）使学生能够充分认识和发展自己的潜能，培养各种必备的素质。这种辅导的特点是将辅导的对象由个别学生扩展到全体学生，工作重点是创设有助于学生成长发展的校园氛围。

（二）按心理辅导的内容分类

1. 生活心理辅导

它是对日常生活心理的辅导，也是对学生做人的辅导，其目的在于帮助学生不断适应生活环境，理解生活的意义，养成良好习惯，学会生存、学会关心、学会负责、学会交往，并树立正确的生活态度，提高适应能力；培养健全的人格，维护心理健康，促进自我发展。

2. 学习心理辅导

它是指教师利用心理辅导的专业技能，协助学生认识学习的原理及方法，提高其学习效率，发挥潜能的过程。学习心理辅导的核心是提高学生的自学能力、判断能力和独立思考能力。

3. 职业心理辅导

职业心理辅导是高校心理辅导的重要组成部分。它是运用现代心理辅导技术和手段为求职者介绍职业分类、职业特点、职业要求，了解其职业兴趣、职业能力，提供人才测评，求职技巧，帮助职业适应以及启发自助的过程。

（三）按心理辅导的方式分类

1. 门诊辅导

门诊辅导是当事人为解除心理干扰和情感困扰而寻求与心理辅导工作者直接交谈、倾诉的一种辅导形式，通过交流协助使当事人认识自己、认识自己与他人的关系、正确处理自己的情绪、改变自己的态度和行为。它是心理辅导中最常用的一种方式。

2. 电话辅导

电话辅导是利用电话给予被辅导者及时的安慰、劝告和指导的形式，也是目前较便捷的辅导方式，尤其对于一些心理危机，电话辅导具有独特的作用。1960

年，美国的自杀防治中心设立了专线电话，这是电话辅导的首次问世。后来这种辅导方式普及到世界各地。由于电话辅导能及时救助危机者，将很多人从死亡边缘上抢救过来，因此被人们称为"希望线""生命热线"等。

3. 通信辅导

通信辅导是通过书信往来的形式进行的心理辅导，适用于路途较远或不愿意暴露身份的被辅导者。其优点是写信人可以减少顾虑，畅所欲言，从而打破时间、空间及人员的束缚，但由于不能直接对话，就不能全面了解被辅导者的情况，不利于进行有针对性的帮助。

4. 团体辅导

团体辅导是从英文 group counseling 翻译而来的。团体辅导是在团体情境下进行的一种心理辅导。它是以团体为对象，运用适当的辅导策略与方法，通过团体成员间的互动，促使个体在交往中通过观察、学习、体验，认识自我、探讨自我、接纳自我，调整和改善与他人的关系，学习新的态度与行为方式，激发个体潜能，增强适应能力的助人过程。其优点在于团体的感染力大，相互影响效果好，便于成员间的相互学习和模仿。另外，辅导效率高，一个辅导者可以帮助很多人。团体辅导是一种很有发展前途的心理辅导方式。

5. 个体辅导

个体辅导是被辅导者单独向咨询机构提出要求，由辅导者出面个别解答、辅导和帮助的一种形式。其特点是保密性、可控性强，有利于来访者毫无顾忌地表现自己，使辅导者能够较深入地、有针对性地进行帮助。

二、心理辅导的过程

心理辅导是将理论、技术和辅导者的人格品质融为一体，由许多步骤组成的直接决定和检验辅导效果的过程。其步骤一般分为开始阶段、指导与帮助阶段、巩固与结束阶段。

（一）开始阶段

建立良好的辅导关系是进行有效心理辅导的首要条件，是心理辅导的第一步。"信任"是第一阶段的基础，这个基础若不稳固，心理辅导就很难取得预期的效果。

所以在这个阶段，我们用同理心、专注、聆听来让来访者体验到辅导者的真心与诚意，而温暖的感受、接纳及没有偏见的态度，对建立这个信赖会有很大的帮助。美国咨询心理学家沃尔斯指出，不好的开头会阻碍有效的相互影响。一个成熟的辅导者，总是非常重视心理辅导的开始阶段，机智慎重地完成这个阶段的工作。开始阶段需要完成的任务有三项，即建立关系、收集信息及进行分析、诊断。

1. 建立关系

辅导者与来访者必须建立起信任、真诚、接纳的辅导关系。这是心理辅导的起点和基础，这种关系有助于辅导者了解来访者的真实情况。基于这种积极的关系，来访者才会与辅导者积极合作，对心理辅导抱有热情和信心，从而有助于提高辅导效果。此外，这种积极的关系也给来访者提供了一种良好的人际关系的范例，使其能在辅导环境之外加以运用，提高人际交往的能力。

在初次会谈时，辅导者要向来寻求指导和帮助的来访者进行简明扼要的自我介绍，并就辅导的性质、限度、角色、目标以及特殊关系等向对方做出解释。对这些问题的说明，可以减少对方的困惑，消除由此引发的焦虑，也可以使对方不会对辅导产生不当或过高的期望。在初次会谈中，有必要澄清保密性的问题：对辅导过程中必要的记录给予说明，对所谈内容和隐私权的保密与尊重做出肯定性承诺，以此消除来访者的戒备心理。

2. 收集信息

收集信息是指收集与来方者有关的各种资料，通过会谈、观察、倾听、心理测验等方式了解对方的基本情况及存在的心理问题。

来访者的基本情况包括姓名、年龄、家庭及社会生活背景、自身的生活经历、兴趣爱好、学习生活近况、对未来的看法以及对辅导的期望等。通过对基本情况的了解，辅导者可以掌握其过去、现在等各方面的活动及生活方式。对来访者基本情况的掌握，有助于对其主要心理问题的把握。认识来访者的心理问题是确定心理辅导目标的基础，这一般比收集基本情况要复杂得多，因为来访者一般心存顾虑，往往不愿直截了当地把面临的心理问题如实袒露出来，或是他们自己也弄不清问题的实质，只是感觉到困扰，希望改变现状。需要了解的心理问题涉及多方面，辅导者要通过收集有关资料弄清心理问题的性质、持续时间及产生原因。

3.进行分析、诊断

在收集资料的同时，分析、诊断就已相伴出现。分析、诊断是在收集资料的基础上，进一步明确心理问题的实质、程度及原因，并对其做出正确的评估。分析、诊断包括确定心理问题的类型及性质，分析心理问题的程度，以区别对待，然后寻找心理问题产生的原因。

（二）指导与帮助阶段

经过开始阶段，心理辅导进入了解决问题阶段，即指导与帮助阶段。这一阶段主要完成的任务有三项：制定目标、选择辅导方案、实施指导与帮助。

1.制定目标

心理辅导的目标就是心理辅导所追求的结果与所要达到的目的。目标的确立在辅导过程中有重要的价值。首先，它使双方都清楚地意识到努力的方向，从而不仅能详细制定实施方案，而且可以在实施过程中根据目标对实施方案进行必要的调整。其次，它有助于辅导双方的积极合作。有了明确的目标，使来访者看到了希望，增强了信心。由于方向明确，来访者成为辅导过程的主动参与者。再次，它使心理辅导的评估成为可能。来访者可以清楚地看到自己的变化，从而认识到心理辅导在自我成长中所发挥的作用。

2.选择辅导方案

选择辅导方案，包括辅导方法的选定以及为实施这些方法而制订的具体计划。解决来访者心理问题的方法多种多样，如心理分析法、行为疗法、来访者中心疗法、理性情绪行为疗法等。每种方法对解决心理问题均有一定的针对性，并有其相应的实施过程。选择辅导方案，首先要根据心理辅导的目标，选取相应的方法，然后按其实施过程的要求制订具体操作计划。

3.实施指导与帮助

不同的辅导方法有不同的要求与做法。辅导者可灵活运用鼓励、指导与解释等方法，对来访者的积极方面给予真诚的表扬，鼓励和支持，增强来访者的自信，促进其积极行为的增长；可以直接指导来访者做某件事、说某些话，或以某种方式行动；可以通过解释，使来访者从一个全新、全面的角度面对自己的问题，重新认识自己及周围的环境，从而提高认识能力，促进其人格的完善和问题的解决。

（三）巩固与结束阶段

经过前两个辅导阶段双方的共同努力，基本达到了既定的目标后，心理辅导即进入安置与结束阶段。

1. 巩固

巩固已取得的辅导效果，是结束辅导之前必须完成的一项任务。辅导者应向来访者指出其已经取得的成绩与进步，说明已基本达到既定的目标。来访者认识到自己的进步，对他不仅是巨大的鼓舞，也是一种暗示，即预示着心理辅导的这程即将结束，使来访者对此做好心理准备。然后辅导者指导来访者巩固已有的进步，将获得的经验运用到日常生活中去，并逐步稳定、内化为来访者的观念、行为方式和能力，使之能独立有效地适应环境。应指出从学习"经验"到运用"经验"尚有一段距离。通常来访者在辅导者的指导下，在特定条件下能表现其习得的经验，但当其独立面对实际生活环境时，又显得难以应付。这既有经验掌握尚未牢固的原因，也有其自信心不足的心理因素。能否顺利完成这一过渡，是能否实现"结束"辅导的前提条件。

2. 追踪调查

为了了解来访者能否运用获得的经验适应环境，进而最终了解整个辅导过程是否成功，辅导者必须对来访者进行追踪调查。追踪调查应在辅导基本结束后的数月至一年间进行。时间过短，调查结果的真实性难以保证；时间太长，不能及时了解情况、发现问题，同时也增加了调查工作的难度。追踪调查可采用约请来访者定期前来面谈的方式，也可以通过访问他人，向了解来访者学习、生活等情况的人，如父母、同学、关系密切的朋友等了解来访者现在的适应状况。运用访问他人的方法时，必须注意维护来访者的利益，保护其自尊和隐私，注意保密性原则，因此，有时需要以间接、委婉的方式进行。

3. 评价和总结

经过追踪调查，可能会有三种不同的结果：一是辅导效果显著，即来访者的问题已经解决，此时可结束心理辅导过程；二是辅导有效，但问题尚未完全解决；三是辅导效果不大，问题基本没有解决。若是后两种情况，则应找出辅导工作的欠缺和不足，采取进一步的措施，进行下一轮的辅导过程。在整个辅导过程即将结束之前，应让来访者明白辅导关系即将终止，从而使其对结束有心理准备，为此，必须向来访者说明其心理问题已基本得到解决，通过辅导，来访者已获得了经验，增长了能力，已经能够应付生活环境，继续保持辅导关系将不利于其成长。同时，如有必要，心理辅导机构还会再次给予关心和帮助。向来访者说明结束咨询时，应尽可能以交谈的方式进行，暗示来访者结束辅导是件自然、平常的事情。

第二章　大学生心理健康概述

人的一切活动都与心理现象的存在和变化密切相关。本章主要从心理概述、大学生心理概述、大学生心理健康与标准以及大学生心理健康教育发展新趋势四个方面阐述大学生心理健康。

第一节　心理概述

唯心主义者与唯物主义者在心理实质的理解方面有所差异，唯心主义者认为，心理现象实质上是一种灵魂，一种物质精神，或是一种与身体无关的"心"的活动的表现，其不因物质的存在而存在；而唯物主义者的观点是，心理现象是一种高级的物质形态属性，其在自然界中不断发展，能够将身体较为特殊的部分活动表现出来。由此我们可以看出，唯心主义者的观点并不正确，但在唯物主义者中，即使大家一致认为是物质活动产生了心理活动，但在一些细枝末节的地方仍旧存在观点不一致的情况。

"心理起源于心"是我国古代的另外一种关于心理活动的观点。那时，孟子说："心之官则思。"[1] 荀子也说："心居中虚，以治五官。"[2] 因此在曾经很长一段时间，人们都将心理现象理解为是由心脏活动导致的一种现象，而将思考问题看作是心脏的一项功能。这种观点在我国的汉字中能够被清晰地体现出来，我们可以发现，一些表示心理活动的字如忘、想、思、念、怒等，它们都与"心"有关。

"心理源于脑"是我国明代时期流行的观点。"脑为元神之府"[3] 的观点由我

---

① （战国）孟轲. 孟子 [M]. 福州：海峡文艺出版社，2012.

② （战国）荀况. 荀子 [M]. 西宁：青海人民出版社，2002.

③ （明）李时珍. 本草纲目 [M]. 太原：山西科学技术出版社，2014.

国著名医学家李时珍率先提出，他认为，大脑是人精神的聚集地，那里有着高级的神经中枢。王清任是我国清代的著名医师，他也曾提出"灵机、记忆不在心在脑"①的观点，而这个观点是其在解剖尸体与研究大脑临床病理时形成的。解剖学与临床医学在现代医学的发展下日渐成熟，使用现代医学技术对人的大脑进行一系列的生理研究之后发现，人类的任何一种心理活动都与大脑中的一定部位联系密切。在临床研究中，也发现了脑部位损伤与人心理机能变化的关系，在脑部位损伤导致人的生理机能变化的同时，人相应的某种心理活动也会受到影响。例如，智力降低与性格变得反常有可能是大脑的额叶受到了损坏，这会导致原本性格温和的人变成一个暴躁的、自制力较差的人。由此可见，"心理起源于心"的观点并不正确，心理是由脑产生的，是脑的机能。

一、心理是脑的机能

心理是脑的机能，脑是心理活动的器官。世上不存在心理与脑或思维与脑分离的状况，只有大脑正常发育，心理的发展才能够拥有足够的物质基础。人的大脑是物质世界在发展过程中能够获得的最高产物，是物质世界中最为复杂的物质。心理现象是一种动物在适应环境时出现的由初级到高级的现象，它跟随神经系统一起产生并不断地发展与完善。心理是拥有神经系统的动物所特有的一种现象，心理不存在于无机物与植物中，不具备神经系统的动物自然也没有心理。在对人类进行心理现象产生与发展的研究时，得到了心理是由神经系统，特别是大脑活动而产生的这一结论，即人的心理活动是由神经系统操纵的。

在对人的心理与动物的心理做研究时，我们会发现人的心理与动物的心理存在一种进化与发展的关系，尽管如此，也并不代表人的心理是由动物的心理直接演变而来的，而是由于当时动物的自然生活条件与社会生活方式发生了较大的变化，其不得不进行劳动、交流，这就促使猿脑不断发展完善，最终进化成为人脑，在完成这项转变之后，动物心理才逐渐有机会转变为人的心理。人在出生伊始就已经具备了区别于其他动物的、特有的解剖生理机制，虽然并未发展成熟，但已经为未来的心理发展提供了最基本的保障。毋庸置疑，儿童与成人相比，由于其大脑发育的成熟程度不同，其心理活动无论是在质、还是在量方面都有较大差异。

① （清）王清任. 医林改错 [M]. 上海：上海科学技术出版社，1966.

一般来说，新生儿的大脑重量为 390 克，8~9 个月的婴儿为 660 克，2~3 岁的幼儿为 900~1011 克，6~7 岁的儿童为 1280 克，9 岁的儿童为 1350 克，而当他们成长为十二三岁的少年时，大脑重量已经达到 1400 克了，与成人相差无几。人的心理会随着脑的发展产生由视觉与听觉演变出来的知觉与表象，在不断的发展过程中又逐渐产生了言语和思维。在对无脑儿、双脑儿与裂脑人的临床研究中，能够更进一步地说明心理与大脑之间的密切关系。由于在先天无大脑的畸形儿的脑腔里只能发现一腔浆液，连生命都无法维持，更别说会有多复杂的心理了。因此，无脑儿在这方面为我们进行临床研究提供了宝贵的证据，即健全的大脑是正常心理的必备条件。而双脑儿则为我们证明了心理活动受到大脑的影响最大这一结论。

二、心理是客观现实的反映

脑作为心理的器官，并不直接产生心理，心理是在客观物质世界中大脑的反映，由此可知，心理并不理所当然地由大脑所产生。关于心理现象的产生过程，我们可以这样来概括：心理现象是指客观事物作用在人的感觉器官上，感觉器官产生感觉传输到大脑，大脑再产生的相应的活动。因此，客观世界中的客观现实是心理现象的来源与内容，若将人的心理脱离客观现实做研究，那么心理就变成了一块浮木。例如，潮起潮落、月盈月缺，这都是客观世界中客观现实的反映，反映是物质的普遍属性，它会随着物质发展水平的不同而呈现出不同的形式，而心理的产生则能够说明反映形式的高级化。客观现实是指客观世界中存在着的一切客观事物，它不依赖于人的心理存在，具有一定的独立性。我们可以将客观现实分为自然现实、经人类加工的现实与社会现实三类。在这三类中，第一类包括日月星辰、山川树木、江河湖海等；第二类是与人类社会生活密切相关的工厂、车辆、工具、笔墨、纸张等；第三类是指人所处的社会所建立的制度与人所形成的社会关系，同时，包括交往与语言等方面。

截至目前，有"狼孩""豹孩""熊孩"在野地里被发现，他们在儿时与野兽共同生活的经历让他们养成了动物的生活习性。在他们被成功解救回人类社会时，有嘴却没有说话的能力，有手却没有劳动的能力，有脑却没有培养出思维意识，昼伏夜出，使用四肢爬行，偏爱吃生食。

20 世纪 20 年代，有两个印度的小女孩在狼窝里被发现，其中一个约两岁大，被解救回人类社会后没多久就去世了，另一个小女孩约 8 岁，人们给她起名为卡玛拉。在卡玛拉刚回到人类社会时，还保留着动物的生活习性，不会直立行走，不会使用双手进食，害怕强光，喜欢在夜间活动。随着回到人类社会的时间越来越长，她学会了站立、行走、使用双手进食，甚至还学会了一些单词，但卡玛拉在 17 岁时不幸去世，那时，她的心理发育水平只能与 4 岁儿童持平。

由此可见，尽管卡玛拉具备健全的人脑，但她在狼群中生活了许多年，与人类社会几近脱节，在这些年中，她已经形成了狼的本性，没有形成人的心理。因此，我们可以看出，心理也是需要在人类社会中产生并不断发展的，人类社会是人心理产生的必备因素。人心理的反应不是单纯的镜像式反应，其具备能动性。人们可以通过自身的心理活动对事物的外部现象进行充分的认识，也能够对事物的本质与事物之间的联系进行准确的认识，在认识了事物之后，就能够使用认识指导自己的实践活动，并通过实践来对客观世界进行改造。

三、心理以活动形式存在

我们将大脑主观反映出来的客观现实叫作心理，它是一种映像，是一种不被人感知，也不被人看见的映像，但它并不是虚无缥缈的，它通常寓于人的活动之中，通过人们的日常活动表现出来。因此，人们会在日常与他人的交往中察言观色，甚至揣摩他人的心理，这就是心理学形成的基础。心理活动指的就是我们在与他人交往的过程中不经意间流露出的小动作的内在表现。心理是一种通过大脑接收到来自客观现实中的信息后产生的一种主观反映，作为脑的机能，心理与脑具有密不可分的关系。在心理学领域，有一种说法叫作"无头脑的心理学"，这是指人们过于看重客观现实对心理产生的决定性作用，从而忽视了客观现实对人脑的依存性，这种观点是非常片面的。为了尽量不产生生物学方面的误区，人们在研究产生心理现象的原因时不能够忽略客观刺激对人脑的影响。要坚定这样一个观念，即要想使人脑获得更加充分的发展，只能将人放置在人类社会中。人的心理、大脑与自然界中的客观现实是相互作用的，人们为了使自己的大脑更加灵活、思想更加前沿，可以通过大脑对客观现实的反映来参与实践活动，改造客观世界。

四、心理的构成

我们在教室中可以看到教室里摆放的桌椅、黑板等教学用具，这说明我们能够用视觉感知客观世界；同样，在教室中我们还可以听到同学们的欢声笑语，这是我们在利用自身的听觉感知客观世界。人类的感觉非常丰富，有视觉、听觉、嗅觉、味觉等，感觉是人对某个客观事物在大脑中形成的对于其属性的反映。在大学中进行了一段时间的学习之后我们可以发现，高等数学必须下功夫才能掌握，外语要多听、多练、多讲，也逐渐明白大学与中学的学习模式不再相同。其中，发现、明白就属于人类的知觉，它可以反映出事物的整体属性。人们只有集中注意力，搜集学习到的经验，并进行一定的想象与思维活动，才能更好地感知事物，这就是认知活动的过程，其属于心理活动的一种。除去认知活动外，情感活动与意志活动也都属于心理活动。在人们对客观世界中的事物有所了解之后，就会根据自己对事物的感觉产生喜欢或讨厌的态度，这就是通常所说的情感过程，一般伴随着人类的认识而出现。人们在对待客观事物时，要在认识的基础上，提出处理与改造的目标并制订计划，在追求目标的过程中不断克服困难，这就是人的意志过程。人的心理差异性表现在除共性之外的个性，人们不同的心理特征表现在每个人不同的需要、理想与信念上，表现在不同的兴趣、气质与能力上，不同的人所拥有的不同性格能够使人的心理各不相同。

第二节　大学生心理概述

一、大学生心理发展的本质

（一）生物发生论

生命的起源与演化是和宇宙的起源与演化密切相关的，生物起源过程应当与宇宙形成之初，通过所谓的"大爆炸"产生了碳、氢、氧，氮、磷、硫等构成生命的主要元素有关。

生命的诞生是物质不断运动变化的结果。这一变化分为两个阶段：一是在生命系统诞生之前的化学进化阶段，为生命的诞生准备有机材料；二是生命诞生之后，由低级到高级、由简单到复杂的漫长生物进化过程。

至此，地球上的生物发展规律已逐渐清晰明了，人类也是随着这个大的发展趋势而产生的，而心理的发展大致也是如此。在人的一生中，心理是在不断变化发展的。一般说来，从出生到成熟期间，心理发展的总趋势是从简单到复杂、从低级到高级、从混沌到分化的上升过程。从成熟到衰老期间，心理发展的总趋势是从健全到衰退、从灵活到呆板、从清晰到朦胧的下降过程。对于每一个人来说，心理发展的阶段是不可逾越的、不可倒退的。一个儿童不可能从动作思维水平跳过形象思维而直接进入抽象思维水平，也不可能先发展抽象思维，再依次倒退着发展。大学生的心理具有青年初期的许多特点，但作为一个特殊群体，大学生又不能完全简单地等同于一般的社会青年，但大学生和社会青年具有属于同一个时期青年的普遍共有的心理发展本质。

（二）社会发生论

随着历史车轮的飞速向前，人类告别了手工作坊的旧时期，改良蒸汽机的发明推动人类社会犹如火车般飞驰前行。生产效率的大幅提高，生产力的大幅解放以及新科学技术如雨后春笋般的涌现，使人类社会进入前所未有的新时期。而这时的资本主义制度也在欧洲主要国家确立，资本主义社会开始发展。貌似繁荣的社会下却隐藏着一系列重大的社会问题，而这些社会问题伴随着资本主义社会的发展日益尖锐化，严重制约了社会的正常前进。此时，资本主义社会迫切需要一些学科方法来研究社会上的各种问题，于是社会学（Sociology）应运而生，而心理学（Psychology）也随之发展。

唯心主义的心理观认为，心理是不依赖于物质而独立存在的，主张心理是第一性的，物质是第二性的。唯物主义的心理观主张客观世界是物质的，即物质是第一性的，而心理是物质派生的，是第二性的。古代唯物主义者就认为心理活动是身体的一种机能，心理现象是由外界事物作用于人而引起的。

（三）心理发生论

生物进化到一定水平，出现了神经系统，于是最为简单的心理现象出现了。心理是物质运动发展到高级阶段的属性，是大脑对客观事物的反映。人类心理的发生有两个基本条件：一是劳动，二是语言。

1. 劳动在人类心理发生中的作用

当类人猿发展到能够制造工具和使用工具时，就逐渐进化成了人。所以，劳动使类人猿进化为人类，劳动使人类的心理得以发生。

（1）劳动使人类心理有了产生的必要

人类要生存下去，就必须劳动；而要劳动，就必须在心理上发生劳动所需要的变化。这种变化包括：

概括性：人类如果没有概括性认识，就无法进行劳动。正是因为按"需要产生了自己的器官"这一原理，于是作为人类所特有的劳动的这一需要，就产生了人的心理的概括性。

预见性和目的性：人类劳动开始时，需要预想到以后的结果。所以，劳动要求从事劳动的人有预见性和目的性，否则劳动就无法进行。这一点正是人和动物的根本区别之处。

（2）劳动使人类的心理有了产生的可能

在劳动过程中，人类祖先的手成了劳动的器官，直立行走最后确定下来，发音器官发生了质的改变，大脑皮质发生了巨大的变化。所有这些都为人类心理的产生打下了基础，主要是：

劳动使人类祖先的爪（前肢）和足（后肢）产生了分工。

劳动发展了人类的社会集体性；劳动促进了人类的社会化。

集体劳动对人类心理的发生有非常重要的作用。首先，促进了人类知识经验的传递，另一方面，人类掌握了制造工具的技能；其次，促进了人的自我意识的发生；再次，促进了语言的产生。

2. 语言在人类心理发生中的作用

语言是人类最重要的交际工具，也是正常人的思维赖以进行的工具。

（1）语言产生的条件

语言为劳动过程所必需。没有语言就不能劳动，语言是伴随着劳动而产生的。在劳动过程中，已经到了彼此之间非说不可的地步。可见，语言是伴随适应劳动需要而产生的。

语言是劳动结果所必需的。在劳动中，人类积累起来的知识与经验必须一代一代地传下去，迫切需要一种工具来标志事物的名称和表示一定的过程与情境。

可见，为了保存人类积累的知识与经验，也同样需要语言这个有效载体。

劳动使人拥有语言的发音器官和共鸣器。在劳动过程中，人的口腔、鼻腔和咽喉形成了直角，从而加长了呼吸道，同时嘴巴越来越扁平，腮部越来越发达，从而使人类的发音器和共鸣器得到了良好的进化。

劳动使人有了能够说话和听话的大脑。人类的大脑中出现了语言中枢，主要是语言听觉区（颞叶）和语言运动区（额叶）。

（2）语言的作用

语言是人类祖先在社会劳动和社会交往中，为了交流思想、传递信息的需要而产生的。语言一经产生，就对人类的心理发展起着巨大的推动作用，使人类的心理产生了质的飞跃。

语言是思想的直接实现。语言是人类心理产生与发展的最直接原因。以词作为条件刺激物的第二信号系统是人类区别于动物的本质特点之一。

语言促使抽象思维产生。没有语言符号，抽象思维的结果就无法表示出来，语言和思维是密不可分的。

语言使人类克服自身认识的局限性，促进了心理向更高、更为复杂的水平发展。

（四）综合发生论

世界上事物的发展都不是孤立的，心理的发展也总是与生物、社会等的发展息息相关。现代心理学家一般认为，心理健康是指人体在各种环境中能够保持良好的心理状态。人在生活实践中，要不断地与外界环境发生关系，相互作用，接受环境的影响，并积极反作用于环境，以取得与外界环境的平衡与协调。一个心理健康的人，在社会生活中具有正常的智力、积极的情绪和情感、良好的性格和融洽的人际关系等特征。同时还能随环境条件的变化而不断调整内部心理结构，认识到心理健康是一种不断发展的状态和过程。

（五）心理发展的本质和原因

心理发展起源于动作，动作的本质是主体对客体的适应，主体通过动作对客体的适应乃是心理发展的真正原因。

适应的两种形式：一是同化。把环境因素纳入有机体已有的图式或结构中，加强和丰富主体的动作。让·皮亚杰提出了 S-R 双向反应公式，经同化后变成了 S-AT-R。二是顺应。改变主体动作以适应客观的变化。所以适应的过程就是发展的实质和原因。

青少年心理发展规律的一种总趋势是机理性的，是指能够揭示青少年心理发展本质的趋势，主要有复演式、趋平式、攀岩式和危机—去危机四种路径；另一种是表现性的，是指从外部可以明显感知的发展趋势，主要有旋流式和跃迁式两种。

所以，青少年应主动适应环境，改变自我，朝着阳光积极的方向前进。

二、大学生心理发展的特点

随着青少年生理发育的成熟、社会环境的影响，特别是大学生的学习行为和生活方式的改变，促使个性心理发生变化，形成了大学生特有的心理特点。

（一）年龄特点

我国大学生多数处于青年初期（18～22 岁）这一年龄阶段。在这个阶段，个体的生理发展已接近完成，已具备了成年人的体格及种种生理功能，但其心理尚未完全发育成熟。对大学生而言，所面临的一个重要任务就是促使自身的心理日益成熟，成为一个身心健康的成年人。可以说，青年初期是走向成熟的关键期。

人的成熟应具备以下三个基本条件：

第一是身体的长成，以个体生理成熟为标志，尤其是以性成熟为重要指标。大学生一般都已具备这种条件。

第二是心理发展完善，即形成了完善的自我概念，形成了稳定的个性。

第三是社会化程度的提高，以人的社会成熟为标志，即个体对自己在社会中所处的角色及所担负的社会责任有正确的认知。

在这三个条件中，生理成熟是心理成熟的物质基础和依据，社会成熟是心理成熟的必要条件。而社会化程度的提高，取决于个体的社会实践活动。由于大学生在校学习时间长，与社会生活有着一定程度的隔离。他们身在校园，对真正的社会生活并没有直接的、深刻的了解，他们的社会实践活动比较表面和肤浅。因而，大学生的社会成熟期较长，在整个大学时代，他们都要为这种社会成熟的完成而付出努力。

（二）自我概念的增强与认知能力发展的不协调

自我概念是指人对自身的认识及对周围事物关系的各种体验。它是认识、情感、意志的综合体，是人心理发展过程中一个极为重要的方面。

自我概念从童年期（Childhood）就开始产生并逐步发展，青少年时期（Adolescence）是自我意识发展最快的时期，它使人心理的各个方面都发生着深刻而广泛的变化；它使一个人能反省自身，有明确的自我存在感，从而成为独立的个体来看待周围世界；它使人的心理内容得到极大的扩展和丰富。

自我概念的发展不仅与年龄有关，而且与人的知识水平有关。一个人的文化素质越高，其自我意识就越强。从这两点来看，大学时期是真正认识自我的重要时期。大学生所处的年龄阶段和所具备的文化水准，决定了他们不再像中学生那样眼光向外，对外界的事物感兴趣，急于去了解世界，把握外部环境，急于显示自己的独立，想做环境的主人；而是眼光向内，注重对自己进行观察和分析，把自我分化为主体的我和客体的我，以及理想的我和现实的我。注意内省，注重探求自己微妙的内心世界，力图理解自己情感、心理的变化，自觉地从各方面了解自己，塑造自己的形象，设计自我的模式。

大学校园这种特殊的环境，又是十分强调独立、注重自我确立的地方。许多大学生在较大程度上按照自己的方式安排自己的生活，有一种宽松自由的氛围；同时，由于大学生所处的独特社会层次及具有较高的文化素质，他们对客观事物有着自己的见解，他们看问题的视野可能与一般人有所不同，有一种以天下为己任的抱负和心愿。一方面，他们关心社会发展。这种关心是抛开切身利益，以大视角来进行的，注重的是整个社会的提高与进步。他们热衷参与社会实践，对社会舆论愿意独立思考。然而，另一方面，由于大学生生活阅历有限，与社会有一定的距离，社会实践能力不强，使他们在谈论、评价、思考社会问题时，往往带上幻想的色彩，不能十分切合实际。他们对事物的认识表现出一定的片面性和幼稚性，尚不能深刻、准确、全面。这种不足与他们极强的自我概念不相协调，这种不协调可能会一直困扰着他们。

（三）性意识的萌发

大学生正处于青年初期，生理发育基本完成，所以性意识的萌芽与发展都是正常的。由于大学校园是年轻人的世界，每个大学生都有充分的机会与同龄的异性接触，因而性意识的发展以及与之相伴而来的恋爱问题是大学生心理发展过程中的一个重要内容。一方面，性意识的发展带来强烈的按照性别特征来塑造个性和形象的精神向往。每个大学生都会在心里产生一种愿望，即成为什么样的男人或女人；另一方面，性意识的发展也带来了对异性的倾慕与追求。这是每一个青春萌动的大学生都会遇到的问题。而这种愿望会与大学生还不善于处理与异性之间的关系，或者他们的经济地位与心理成熟度还不足以应付这种问题相矛盾，从而带来种种不安和烦恼。

他们对异性充满好奇，关注异性（每晚寝室里"卧谈会"的主题往往都是异性，友谊、爱情、性），他们追求纯洁美好的爱情，加上大学环境较为宽松，不少学生开始考虑恋爱问题，并试图建立相对稳定的恋爱关系。不少大学生能合理选择恋爱时机，处理好学业与爱情的关系，并采取文明健康的恋爱方式，使之成为完善人格的契机和美好人生的华章。但也有部分大学生在尚不了解爱情真谛时就匆忙涉足爱河、陷入感情旋涡，影响学业，或者不能慎重处理两性关系，酿成悔恨的苦酒。

（四）智力发展达到高峰

大学生一般思维敏捷，接受能力强，通过专业训练、系统学习，抽象逻辑思维能力得到充分发展，智力水平大大提高，分析问题、解决问题的能力增强，其智力层次含有较多的社会性和理论色彩。这一显著特点使大学生心理活动的内容得到极大丰富，但有时也会带有一定的主观片面性，甚至过分自信和固执己见。

（五）情感丰富而不稳定

需要是情绪与情感产生的基础，大学生的心理需要复杂多样。既有衣、食、住、行等基本生活的需要，又有迫切的交往需要和成就需要，渴望被理解和尊重，寻求友谊和爱情。他们还有自我实现和求真、求善、求美的高层次需要。复杂强烈的需要导致大学生的情绪与情感体验丰富而深刻，使得他们不论在日常生活、学习、交往中，还是从事社会活动时，无不带有浓厚的感情色彩。大学生自我情感体验方面十分丰富，注重独立、自尊和自信，有强烈的民族自尊心和自豪感，有"天下兴亡、匹夫有责"的社会责任感。

大学生大多疾恶如仇、善恶分明、正义感强等。但是，由于大学生生理、心理和在社会性上表现出的不平衡，使得他们的情绪和情感具有不稳定因素，突出表现在情绪与情感的波动性特点，即常在两极之间动荡、起伏。时而平静、时而活跃，时而积极、时而消极，时而肯定、时而否定，时而内隐、时而外显。此外，大学生精力充沛、血气方刚，具有勇往直前的气魄。但有时也会盲目蛮干，尤其是在感受到挑衅和敌意时，有时也容易情绪失控，呈现出冲动性的特点。

（六）社会需求迫切

为了接受系统严格的专业训练，大学生在校园里的生活期限比同龄人长，这使他们与社会有一定距离。也正因为如此，他们渴望加入社会的愿望更为迫切。在校园里，他们密切关注社会，积极评判各种社会现象，并希望自己尽快加入进去，按照自己的想法去改变各种令人不满意的现象，把自己的专业知识服务于社会，体现自己的力量，实现自身的价值。这种迫切的社会需求与大学生正在形成的价值观相互作用，是他们将来走向社会的重要心理依据。这一心理特点支配、指导着大学生的学习态度，从而对大学时代的生活质量产生重要的影响。

综上所述，大学生由于正处在迅速走向成熟而又尚未真正完全成熟的发展阶段，在各个方面均表现出积极与消极的心理特点，其发展亦不平衡。因此，大学生中往往容易出现各种各样的自我矛盾，诸如独立性与依赖性的矛盾、强烈的求知欲与识别能力低的矛盾、情绪与理智之间的矛盾、理想与现实的矛盾等。

大学生的生理状况已经基本成熟，但是，单从心理发展来看，大学生在调控情绪、社会适应等方面还有待进一步提高，如此看来，大学生只能算是"准成人"。

（七）主体意识较强，集体意识较差

虽然国家已经开放三孩政策，但目前在校生中还是独生子女居多，"4+2+1"的家庭模式①让他们在成长的过程中一直备受关注。与此同时，大学生的父母不仅重视对孩子进行学业教育，而且更加重视对孩子个性品质方面的追求与引导。这些因素都使大学生主体意识不断增强，他们习惯以自我为中心，面对周遭的人或事，更加关注自己的感受，注重个人利益的实现，不懂得如何与他人进行沟通合作。进入大学，一部分大学生初次开启集体生活，他们依旧习惯张扬个性，渴

---

① 四个老人、一对夫妻、一个孩子。

望有自己独立的空间，追求自己的话语权和平等权，不懂得妥协与忍让。当个人利益与集体利益出现冲突时，他们往往倾向先考虑自己，忽略他人的感受，而这也将导致大学生在建立人际关系时遇到控诉，导致人际冲突难以调节。

（八）网络依赖性较强，心理承受能力较差

当代大学生出生于网络高速发展的时期，伴随着互联网及手机的普及，他们更习惯于在网络上获取资源、表达想法，也倾向通过微博、QQ等自媒体及各种App建立自己的社交圈。同时，大学生的父母受教育程度普遍提高，他们不仅关注孩子的成长，也非常关注自己的发展，他们更倾向追求自我实现。因此，大学生的父母陪伴其成长的时间相对较少，有些家庭中的亲密关系也存在一定问题，这些因素都导致大学生不习惯向身边人倾诉心事，也让大学生对网络的依赖性越来越强。但是，虚拟网络毕竟与现实生活不同，过分地依赖网络，导致大学生难以在生活中建立良好的支持系统，从而在遇到问题的时候，孤独感加剧。久而久之，他们就会更加封闭自我，一些并不严重的问题都有可能被无限放大，加上长久的缺乏关怀使心理承受能力也较差，出现问题时，容易出现极端行为。

（九）竞争意识较强，情绪调节能力较差

目前，"00后"是大学校园的主力军，"00后"大学生的父母无论是在经济情况、个人发展还是自我意识、个人实现等方面，都相对优于"90后""80后"大学生父母。这样的家庭情况给大学生带来的优势是：他们独立自主的意识更强，更加知道自己想要什么，也更期待能够获得外界的肯定。但随着社会竞争日益激烈，无论是想要获得物质上的富足，还是精神上的成功都变得越来越具有挑战性。想要获得更多的来自外界的认可与荣誉，就意味着大学生要更加积极主动地展示自我。所以，大学生的竞争意识强烈，但对自己要求过高在成为大学生前进动力的同时，也给他们带来巨大的压力。而有些大学生只知道一味地追求目标，却不懂得如何调整状态、释放压力、宣泄不良情绪，极易出现诸如自卑、敏感、偏执、焦虑等问题，从而给健康成长带来阻碍。

三、大学生心理特征的形成原因

（一）社会环境方面

如今的人们正处于一个错综复杂、变幻莫测的时代，这是由于科学技术和网络技术的发展，使得人类的生活产生了巨大的变化。在复杂的情境下，学生会觉得新奇、刺激，常常会失去理性的判断力，对各种信息不假思索地全盘接受，不能辨别是非。尤其是某些不良媒介的内容侵蚀、蛊惑人心，使大学生逐渐产生多疑、冷漠、偏执，甚至是不合群的病态性格。在现实世界中，他们的张扬性格会和社会发生矛盾和冲突，就很容易形成逆反心理。这是社会大环境对大学生逆反心理的影响。

（二）学校教育方面

由于部分高校是自筹经费的民办学校，待遇低下而致使师资力量相对薄弱，难以配备专业、全职的心理咨询老师，因此，大部分院校都会对辅导员进行培训，使其兼职心理咨询教师的工作。但是，辅导员本就事务繁忙，很难对学生的心理健康状态进行实时的动态跟踪，即使发现有心理危机的学生，辅导员也很难把繁杂的行政事务放下而对学生进行全方位的危机干预，来帮助学生解决心理问题。

（三）家庭环境方面

当今社会，一些大学生是从单亲家庭中走出来的，他们中有些人的成长过程并不完整，甚至是畸形的，这会给他们的心理带来一定的冲击。有些来自单亲家庭的学生有强烈的自卑感，他们会刻意地表现出自己的强大，以此来隐藏自己的自卑心理。然而这样做会让他们更加不适应社会，更以自我为中心，更容易产生逆反心理。再有就是一些大学生的父母长期在外打工，把自己的孩子交给爷爷奶奶，爷爷奶奶对孩子的格外宠溺更让他们像一匹不受约束的野马。习惯常年肆意奔跑的他们突然到了一个管理"森严"的学校，再加上老师的约束，便很容易出现逆反心理。此外，还存在家庭氛围不和谐的情况，由于父母的分歧、敌对情绪、争执，使他们在这种矛盾、紧张、焦虑、不安的环境中长大，他们会过早地封闭自己，产生内心的孤独感，这也是逆反心理产生的原因。还有的父母对子女的期望值过高，教育方法却过于简陋，"望子成龙""望女成凤"的父母对子女寄予厚望，希望他们各方面都是最好的，却忽略了他们的兴趣和能力，不了解他们的真实需求，当他们的内在需求长期无法得到满足时，孩子们就会出现逆反心理，甚至可能会自暴自弃。所以，孩子的健康成长需要良好的生长环境，其中家庭环境是特别重要的，给孩子一个健康、正常、温暖的家庭环境，对于他们的成长是非常有益的。

（四）学生自身方面

大学生的行为社会化不足，也是其心理特征形成的重要因素之一。行为社会化不足是指认识社会化程度不足时在具体行为上的反映，而个人的具体行动则主要取决于其扮演的社会角色。从社会角色的角度出发，对当代大学生的交际关系可以有以下几个简单划分。首先是朋友辈分关系。很多大学生在与同学、朋友遭遇冲突时往往会选择冷战或者暴力的极端手段，这会让问题变得更加严重，轻则暴怒、失眠，重则危及生命。其次是男女朋友的恋爱关系。恋爱关系其本身是现实的，但有些学生在爱情中太感性、太理想化，如有些同学渴望爱情却爱而不得，陷入了自我否定的怪圈之中无法自拔；有些学生在感情中没有掌握好自己的尺度，过分的控制欲望或自卑会导致感情的不平衡，甚至破裂；有些同学在感情上遇到了冲突，就会采取冷暴力的态度，这会加剧双方的矛盾。再次是家庭关系。父母的过度干涉、对孩子的忽视、对孩子的不理解或者把家长之间的矛盾转移到孩子身上，都会导致孩子产生心理危机。最后是大学生与社会的关系。这种人际关系在大学生毕业之后的求职过程中尤为明显，部分大学生在求职过程中出现了社交恐惧障碍，不知道该怎么与他人交流，进而导致了焦虑心理的产生，这很大程度上是由于职业准备和社会化意识方面的不足而造成的。

第三节　大学生心理健康与标准

一、大学生心理健康概述

（一）心理健康

1. 健康的含义

在时代高速发展的过程中，人们对健康的认识也在不断加深，在已有的基础上，世界卫生组织于 1999 年颁布了"五快"的机体健康标准和"三良好"的精神健康标准这一身心健康新标准，目的是让人们对健康含义的认识更加清楚。

机体健康"五快"是指快食、快睡、快便、快语、快行。快食指的是不挑食、不偏食，进食时会感到心情愉悦，吃得有滋有味；快睡指的是一夜好眠，一觉睡醒就是天亮；快便是指在有便意的情况下，可以轻快地排泄；快语是指语言流畅，语言表达规范，思维敏捷；快行的意思是动作的协调和步伐的轻松有力。

良好的个性、处世态度以及人际关系精神健康是"三良好"精神健康标准。其中，良好的个性是指温和的性格，有着得体的言行，没有压抑和冲动的感觉；良好的处世态度是指能以现实与自我为根基，在社交时能被大部分人接受；良好的人际关系的意思是与人相处和睦，言行得体。

从这些内容中可以看出，健康有两层含义，第一层含义的健康并不只是指身体健康。除了要保持身体的健康之外，还必须有一个健康的心理，这样才可以说是真正意义上的健康。第二层含义指的是身心的和谐，即心理健康和身体健康两者紧密相连，相互影响、相互作用。个体的身体健康一旦发生问题，会导致情绪的低落，从而影响到心理的健康。如果一个人的精神状态出现问题，情绪低落、精神压力过大都会引起身体不适，严重者还会有躯体化症状。健全心理以健康身体作为不可或缺的基础，健康的身体也依赖于自身健全的心理状态。

2. 心理健康的含义

什么是心理健康？世界各国的心理学和精神卫生专家给出的定义不尽相同。在学校中，心理健康则偏重于教育用语的使用。但是无论如何，心理健康总要有一个基本的定义，那么，概括地说：心理健康是指个体在本身及环境条件许可范围内所达到的正常功能状态。即指个人心理所具有的正常的、积极的状态和同当前发展着的社会环境保持良好心理适应的能力。

以上定义的来源有两个。

① 世界卫生组织（WHO）有关健康的定义是："健康是一种身体上、心理上和社会上的完满状态，而不只是没有躯体疾病和虚弱状态。"[①] 世界卫生组织明确指出，健康应该包含三个层面，即身体健康、心理健康和良好的社会适应能力。

身体健康是心理健康的基础和载体，而心理健康又是身体健康的条件和保证。身体和心理互相联系，互相影响，互为基础和保证，同时也构成了健康的两个基本条件。而良好的社会适应能力，则是由于人这种特殊的高级生物体的社会属性所决定的，也就是说，人的健康不仅体现在生物属性和精神状态上，也体现在有良好的社会关系和社会效能。

②《简明不列颠百科全书》在心理健康和心理卫生（mental health and hygiene）条目中指出："心理健康是指个体在本身及环境条件许可的范围内所能达到的最佳状态，不是指绝对的十全十美状态。心理卫生包括一切旨在改进、保持上述状态的措施，诸如精神疾病的康复，精神病的预防，减轻充满冲突的世界带来的精神压力，以及使人处于能按其身心潜能进行活动的健康水平等。"[②]

综上所述，心理健康的定义可以有广义和狭义两个方面，从广义上说，心理健康是指一种高效而满意的、持续的心理状态。从狭义上讲，心理健康是指人的基本心理活动的过程、内容完整，协调一致，即认知、情感、意志、行为、人格完整和协调，能适应社会，与社会保持同步。

（二）大学生心理健康现状

随着我国从计划经济时代进入市场经济时代，社会经济发展速度加快，整个社会的利益格局初步形成。急剧的社会变迁和社会问题引发的心理问题也日益增多，心理障碍和精神疾病已经成为现代社会影响人们健康的主要因素之一。近年来，中国教育发展迅速，各类高等学校大规模扩招，大学教育已从精英教育转变为大众教育。大多数青年有机会进入大学学习，大学生不再是"天之骄子"，而是回归普通与平凡，大学生活也不再是梦想之旅，而是更多地承载着理想与现实

---

① 杜吉香，张亮，赵晓虎.科学健身与健美[M].哈尔滨：哈尔滨地图出版社，2005.04.
② （美）不列颠百科全书公司.不列颠简明百科全书修订版.[M]北京：首都师范大学出版社，2016.03.

的冲突。大学校园也不再是"象牙塔",不再是世外桃源,社会问题和矛盾必然会对大学生的精神生活产生冲击,引发各种各样的心理问题。

大学阶段是人生发展的转折期和关键期,大学生作为文化层次较高的年轻群体,富有理想和激情,具有创造性和挑战性,具备理性,内心敏感,情绪丰富。但是,面对瞬息万变的社会环境、日趋激烈的社会竞争以及来自学习、专业、就业、经济和情感等诸多方面的问题,他们往往不知所措,加之人生阅历较少,容易产生各种不良的心理反应和心理问题,甚至罹患心理疾病。

我国当代大学生的心理健康状况并不尽如人意,有相当数量的在校大学生存在不同程度的心理健康问题,有的已经出现了不同程度的心理障碍。此外,近几年我国还发生了多起在校大学生因心理问题而跳楼的事件。当代大学生的心理健康问题引起了社会各界的广泛关注。这不仅对我国高等教育提出了严峻的考验,而且对构建和谐社会也产生了严重的不良影响。

当代大学生的心理素质不仅影响到他们自身的发展,而且关系到全民族素质的提高。一项关于当代人主要素质的调查表明,一些人不能适应社会进步和发展的需要,其最欠缺的是心理素质,具体表现为意志薄弱,缺乏挫折承受能力、适应能力和自立能力,缺乏竞争意识和危机意识,缺乏自信心,依赖性强等。究其原因,与教育不重视人的心理素质的培养与塑造有关。在大学生中,有人因自我否定、自我拒绝而几乎失去从事一切活动的愿望和信心;有人因考试失败或恋爱受挫而产生轻生念头或自毁行为;有人因现实不理想而玩世不恭或万念俱灰;有人因人际关系不和谐而逃避群体,自我封闭。大量调查表明,目前影响我国大学生健康成长的主要原因是心理障碍,精神疾病已成为大学生的主要疾病,具体表现为恐怖、焦虑、强迫、抑郁和情感危机、神经衰弱等。大学生心理问题概括起来可以分成两大类:一类是成长性心理问题,有心理障碍倾向但并不严重,大学生的心理问题主要表现为此类问题;另一类则是障碍性心理问题,即出现了程度不等的心理障碍。成长性心理问题主要包括:环境改变与心理适应的问题,学习心理调适不当而出现的心理问题,情绪控制、自我认知、人格发展、意志品质相对较弱而造成的人际交往、恋爱、性心理等方面出现的心理与行为偏差。障碍性心理问题主要包括:严重的心理异常,如精神分裂症、躁狂抑郁性精神病、偏执性精神病、反应性精神病、病态人格和性变态等;轻度的心理异常,如神经衰弱、癔症、焦虑症、强迫症、恐怖症、疑病症、抑郁症等；心身障碍，如与躯体疾病伴发的精神障碍，包括肝、肺、心肾等内脏疾病，内分泌疾病、周期性精神病等。

二、大学生心理健康的标准

社会的飞速发展给大学生的思想观念、价值取向以及行为方式都带来了巨大影响。但是，这种影响是促进还是阻碍大学生的发展就因人而异了。尤其是很多大学生生活阅历相对较少，欠缺处理问题的经验，想让自身特点与社会迅速变化之间达到平衡状态，并不是容易的事情。一旦无法处于和谐状态，大学生就容易出现各种各样的心理问题。想要解决这个问题，就需要全社会共同关注大学生心理健康，不断提高大学生的心理健康水平，助力大学生身心全面发展。

（一）智力正常

智慧是一个人的观察力、注意力、记忆力、想象力、思维力、创造力和实践活动能力的综合反映，它发挥着保障大学生正常进行学习、生活、工作活动的重要作用，是大学生获得知识、解决问题的重要保障和手段。也是大学生进行社会适应必需的心理保证。大学生智力正常与否的衡量标准，也取决于他们发挥自我效能是否正常和充分，即是否具有较强的求知欲、愿意主动地参加学习活动。

（二）情绪健康

情绪健康的标志是情绪稳定、心情愉快，积极情绪多于消极情绪，对生活充满希望，善于控制自己的情绪，在遇到问题时能够适当地表达和发泄自己的情绪。比如，一些大学生在承受就业压力时，能够进行合理的分析，并采取类似跑步的方法来减轻自己的压力。然而也有一些大学生借酒消愁，通过酗酒麻痹自己来逃避，这些大学生必须学会如何调节自己的情绪。

（三）意志健全

意志是一个人在进行一项有目标的行为活动时所作出的选择、决定和执行的心理过程。意志健全的大学生在学习和参加各种活动中具有很高的自觉性、果断性、顽强性和自控能力。特别是在面对困难和挫折时，他能冷静地处理好自己的情绪，做出正确的应对，而不是因为害怕困难而退缩，也不会鲁莽行事。

（四）人格完善

人格完善是指个体的思想、言语和行为上的统一和协调，并具有健全统一的人格。人格完善主要表现为：人格构成的各个因素完整；自我意识正确，自我同一性不会发生混乱；以积极的人生观为人格核心，并将自己的需要、目标、行动结合在一起。就如同大学生为自己的将来设定一个合理的人生目标，并且在学习、生活等各个方面都会为之奋斗。

（五）自我评价正确

自我评价正确是大学生心理健康的重要条件，是指个体在进行自我观察、认定、判断和评价时，能够客观地认识自己，摆正自己的位置，接纳自己的现状。就像有些大学生可以正视现实，既不会在某些方面不如自己的人面前骄傲自大，也不会在比自己强的人面前自卑怯懦，这就是自我评价正确的表现。

（六）人际关系和谐

人际关系和谐表现为：乐于与人交往，既有广泛而深厚的人际关系，又有知心朋友；在交往中保持独立而完整的人格，有自知之明，不卑不亢；能客观评价别人和自己，善取人之长补己之短，宽以待人，乐于助人，积极的交往态度多于消极的交往态度，且交往动机端正。大学生的寝室室友来自全国各地，生活环境和地域文化的差异使他们在很多事情上看法不一致，但是在交往过程中，懂得人际交往的大学生就会求同存异，不会事事都斤斤计较，这样的寝室关系就会很和谐。

（七）社会适应正常

客观现实环境维持良好秩序，个体需要通过客观观察来获得正确的理解，在面对各种情况和困难时不退缩，而是采用有效的方法去应对它们；同时也要根据环境特点和自我意识情况去协调，或者通过调整环境来适应个人的需求，或者对自身进行调整来适应环境。一些大学生不能和同学们正常相处，所以他们不愿意参加团体活动，其中有些人离开宿舍而走读，这都是适应能力差的表现。

（八）心理行为符合大学生的年龄特征

大学生作为一个特殊年龄阶段的特殊社会群体，其心理行为特征必须与其年龄和身份角色相匹配。

在正确认识和使用大学生心理健康标准时，要从辩证的角度出发，从两方面考虑大学生的心理健康。

首先，心理不健康与有不健康心理、行为表现存在差异。在大学生成长的过程中，难免会出现一些发作性问题，从而产生心理上的压力，这对于任何一名大学生来说都是极其正常的。大学生的不健康心理或行为不能说明他们有心理问题，更不能说明他们有心理障碍。

其次，心理健康并不是处于恒定状态的。许多心理问题都会随着时间和事物的发展而消失。就算在某个阶段中有心理上的问题，也不代表他就会一直带着这个问题生活下去。因此，要从动态的、变化的角度出发去看待大学生的心理健康问题。

第四节　大学生心理健康教育发展新趋势

我国大学生心理健康教育已走过了30多年的历程，在优化学生心理素质、开发学生心理潜能、提高学生心理健康水平、促进学生全面发展方面发挥了积极的作用，取得了良好的效果。如今，社会的快速发展以及大学生成长的迫切需要，对大学生心理健康教育提出了更高的要求。其发展趋势将体现在以下两个方面。

一、大学生心理健康教育的内涵

（一）大学生心理健康教育的主要内容

1. 构建大学生心理健康教育课程体系

心理健康教育要以课堂教学、课外教育指导为主要渠道和基本环节，形成课内与课外、教育与指导、咨询与自助紧密结合的心理健康教育教学体系。加深大学生对心理健康和心理问题方面知识的理解与掌握，掌握一些心理问题的鉴别方法和常用的心理调适方法的同时，能够正确认识心理健康和心理问题，树立科学的健康观。

2. 构建心理健康教育活动体系

不断丰富大学生的校园文化生活，通过开展一系列心理健康教育活动，满足大学生精神和心理需求，真正做到寓教于乐。在活动中宣传和普及大学生心理学知识，锻炼他们的意志，增强他们的心理保健意识，端正他们对心理咨询的看法，引导他们主动寻求帮助，缓解负面情绪，避免心理问题加重导致心理危机的发生，使他们保持心理健康。

3. 构建大学生心理咨询与辅导体系

重视并开展大学生心理咨询工作，通过个体咨询与团体辅导，利用语言、文字等多种媒介，对大学生的适应、学习、人际交往、恋爱等多方面进行指导、帮助、启发和教育，帮助大学生解决在学习、工作、生活等方面出现的心理问题，提升大学生心理调适能力。

4. 构建大学生成才服务体系

为大学生心理减负减压，如加强学习与考研的辅导，帮助他们进行职业生涯规划，为毕业生提供就业信息、搭建就业平台、开展就业指导等，为处于困境中的学生提供及时有效的支持，帮助其顺利渡过难关。

（二）开展大学生心理健康教育的重要意义

心理健康是指具有正常的智力、积极的情绪、适度的情感、和谐的人际关系、良好的人格品质、坚强的意志和成熟的心理行为等。心理健康与一个人的成就、贡献、成才关系重大。

心理健康有利于大学生培养健康的个性心理。大学生的个性心理特征，是指他们在心理上和行动中稳定地表现出来的各种特征，通常表现为气质和性格两个主要方面。气质主要是指情绪反映的特征，还包括意志反映的特征。当代大学生的心理特征普遍表现为思想活跃、善于独立思考、参与意识较强、朝气蓬勃的精神状态等等，这些有利于大学生的健康成长。

加强大学生心理健康教育工作是新形势下全面贯彻党的教育方针、实施素质教育的重要举措，是促进大学生全面发展的重要途径和手段，是高等学校德育工作的重要组成部分。心理健康是大学生健康成长的基础，是大学生适应社会的必备素质，更是大学生成人成才的保障。因此，开展大学生心理健康教育，对于大学生具有重要意义。

1. 促进大学生成人成才

大学四年是人生成长的黄金时期，他们会从青涩走向成熟，但是这个过程往往不是一帆风顺的。大学生从进入大学那一刻起，就会面临很多挑战，如适应问题、学业问题、情感问题、就业问题等，其中任何一个问题处理不当，都会导致大学生产生巨大的心理压力，对其生活造成负面影响。很多大学生一开始遇到这些问题会感到痛苦，严重时会因长期折磨而出现焦虑、抑郁，甚至还会出现自残、自杀等情况。但是，他们并不了解自己身上出现了什么问题，为什么会出现这些问题，他们只能陷在痛苦的情绪中无法自拔，这样不仅无法实现成人成才的目标，有些大学生甚至会因此出现极端行为，毁了自己的一生。

一个人即使智力发达，如果心理不健康，也很难较好地适应社会，更难以成才。而帮助大学生解决心理困惑，促进其进行良好的自我调节恰恰是开展心理健康教育工作的根本任务。心理健康教育可以帮助大学生调整心理状态，解决心理问题，促使他们更好地认识自己，在建立正确自我认知的基础上，不断提高自身的心理承受能力，愉快而充实地度过大学生活，更好地成人成才。

2. 促进教育者与大学生进行良好沟通

高校开展教育活动时，通常采取的是群体教育的模式，即向班级所有学生宣传学校教育的意义。对于已经成年的大学生来说，这种教育模式并不能达到明显的效果。尤其是涉及原生家庭、个人隐私等问题时，大学生对于这种自上而下的教育方式表现出了反感的态度，觉得自己的自尊心受到了伤害，与教育者产生疏离感。

同其他教育方式相比，心理健康教育更强调教育者与大学生之间的平等关系。更重视在教育的过程中与学生进行良好的互动沟通。教育者会倾听大学生的心理困扰，站在大学生的角度上思考问题，进行共情。同时教育者还会运用专业的心理学知识灵活地帮助大学生分析问题、判断问题、处理问题。心理健康教育工作开展的过程，不仅可以真正给予大学生帮助，还能让大学生在情感上找到归属感，从而更愿意主动对教育者敞开心扉，进入良性循环的状态。

3. 促进大学生个人潜能的发挥

大学生心理健康教育包含的一个重要方面就是教育者熟练灵活运用各种心理健康知识与规律，针对不同的心理困扰与心理障碍，并在充分了解当代大学生心理发展特点的前提下，以解决大学生心理问题为目标，培养大学生树立优良的心理素质、成熟的人格品质、和谐的人际关系以及较强的社会适应性。

大学生心理健康教育充分重视不同个体的独特性与特殊性，可以更好地识别不同个体之间的差异性。尤其是心理健康教育工作中独有的心理测试可以帮助大学生对自己的状态进行准确评估，并对自己进行客观评价。这样就可以促进大学生在健康的前提下充分发挥自身潜能，并通过有针对性的心理调节方式来解决内心的困惑，不断发挥自身价值，实现个人潜能。

4. 促进全面推进素质教育

健全的人格、良好的心理素质是推进素质教育的题中之意，它既是素质教育组成的重要因素，也是实施素质教育的前提、基础。十年树木，百年树人。尤其是在当下科学技术迅猛发展的大背景下，表面看起来，各国竞争的是科学技术，归根到底是人才的竞争，谁有高素质、高质量的人才资源，谁就掌握了主动权，"科教兴国"战略的实施是需要"人才强国"战略合作支撑的。国家也越来越重视对人才的培养，然而素质教育所取得的成效的好坏与大学生心理健康水平的高低是密不可分的，无论什么形式的素质教育，个体心理的消化、吸收是最关键的因素，从而组成个体的心理结构，去支配其的思想和行为。由此可见，国家重视大学生心理健康教育，高校开展心理健康教育旨在帮助大学生形成、发展健全的人格。

5. 促进大学生社会化程度

大学生不可能永远待在校园里，他们终要走出校园，进入社会，而大学校园就为大学生搭起了一座通往社会的桥梁，大学生在这里除了学习科学文化知识，还要在这里完成社会化的任务，这就更需要高校教育工作者的正确引导和教育，而心理健康教育又是其中较为有效的手段，不断加强、完善大学生心理健康教育，促进大学生心理素质的提高是有利于其社会化的。

（三）大学生心理健康教育的主要理论

1. 马克思关于人的全面发展理论

关注和解决大学生心理问题正是建立在马克思关于人的全面发展的理论基础之上的。通过对人的需求与全面发展的关系的分析，马克思指出，实现人的全面发展的最大动力是人的需要，人的需求不断得到满足，新的需求也在不断增加，需求不断被满足的过程就是人不断实现自身发展的过程。人的全面发展理论是在综合分析影响人全面发展的因素的基础上形成的，人的全面发展是由人的本质决定的，包括人的个性、个人素质、潜能、需要、社会关系等方面的自由和全面发展。实现人的全面发展需要人的三体意识和能力的发展以及社会生产力的发展等主客观条件，这就为实现大学生的全面发展、解决大学生的心理问题提供了理论指导。要不断提高大学生的自我认知，使他们能够从自身实际情况出发，客观认识自我、不断发展和超越自我。要不断提高大学生的政治素质，思想道德素质和身心素质，尤其要关注大学生心理发展状况和现实的需求，为他们形成良好的心理素质、更好地接受思想政治教育提供条件。要关注大学生的信念、动机、性格、意志等心理素质，促进他们身心的全面健康发展。

2. 马斯洛的需求层次理论

美国心理学家马斯洛（A. H. Maslow）在 1968 年提出需求层次理论，马斯洛的需求层次理论在一定程度上反映了人类行为和心理活动的共同规律。马斯洛从人的需要出发探索人的激励和研究人的行为，抓住了问题的关键；马斯洛指出了人的需要是由低级向高级不断发展的，这一趋势基本上符合需要发展的规律。因此，需求层次理论对企业管理者如何有效地调动人的积极性有启发作用。但是，马斯洛是离开社会条件、离开人的历史发展以及人的社会实践来考察人的需要及其结构的。其理论基础是存在主义的人本主义学说，即人的本质是超越社会历史的，抽象的"自然人"，由此得出的一些观点就难以适合其他国家的情况。人的五种基本需要在一般人身上往往是无意识的。对于个体来说，无意识的动机比有意识的动机更重要。对于经验丰富的人，通过适当的技巧，可以把无意识的需要转变为有意识的需要。马斯洛还认为：在人自我实现的创造性过程中，产生出一种所谓的"高峰体验"的情感，这个时候是人处于最激荡人心的时刻，是人的存在的最高、最完美、最和谐的状态，这时的人具有一种欣喜若狂、如醉如痴、销魂的感觉。

3. 罗杰斯的人本主义理论

罗杰斯（Carl Ransom Rogers）的人本主义理论认为，人的本性是积极向上的，积极向上的动力来自自身的许多不同层次的需求，人在不断满足需求的过程中"实现自我"，因此教育目标应该与个体的需要相一致。罗杰斯认为当今世界是一个快速变化、充满矛盾和危机四伏的世界，人要适应这种变化，"只有学会如何学习和如何适应变化的人，只有意识到没有任何可靠知识唯有寻求知识的过程才可靠的人，才是有教养的人"。罗杰斯还认为，教育就是要培养健全的人格，要为受教育者提供一个积极的成长环境，因此要为大学生心理问题的解决创造良好的环境氛围，学校、社会、家庭、社区协同配合，多方联动共同作用，为学生提供良好的心理成长环境。要培养学生良好的自我认知，加强大学生的自我教育和自我心理调适，发挥大学生的自我心理潜能，促进大学生整体心理水平的提高。

4. 贝克的认知理论

美国临床心理学家艾利斯（Albert Ellis）和精神医学博士贝克（Beck）是认知主义理论的杰出代表。认知理论提出了 S–C–R 公式，认为在刺激 S 和反应 R 之间存在着意识、经验等因素，称之为 C。认知理论认为，人们做出的各种行为是由自身对刺激的认知反映出来的。如果人对事件、情境或行为的认知中存在不合理或者错误的成分，就有可能产生不良情绪或不良心理状态，要消除不良情绪或不良心理状态，就要改变不合理的认知。因此，在分析大学生心理问题成因的过程中，要充分考虑这部分学生自身存在的问题，有针对性地提出解决措施。很多大学生缺乏对自我和民办教育的正确认知，在心理问题的鉴别和认识上还存在很多误区，而且很多大学生在产生心理问题后不能及时有效进行自我疏导和自我调适，导致了心理问题的产生。在认知理论的指导下，要加强大学生通过自身解决各种心理问题的能力，如客观认识自我、积极悦纳自我、掌握自我调适方法和进行积极的自我教育等。

二、大学生心理健康教育发展的具体趋势

（一）大学生心理健康教育目标的育人性

心理素质是人最重要的素质之一，这一素质不仅决定人的发展方向，而且直接影响人的智力、体力的发展和发挥的程度。当今大学生更加注重自身全面素质的提高，意识到成才的条件不仅要有丰富的知识、过硬的本领，更要有完善的个性、健全的人格、坚强的意志、高尚的情操、良好的适应能力等，只有全面发展的人才能适应时代的需要。

发展性的心理健康教育在解决大学生心理困扰、优化心理素质方面具有不可替代的作用。大学生心理健康教育要根据学生身心发展的一般规律和特点，帮助不同年龄阶段的学生尽可能圆满完成各自的心理发展课题，妥善解决心理冲突，进而提高个体心理素质，促进个体个性发展和人格完善。而单纯以矫正和治疗为目标和手段的大学生心理健康教育，无法适应现实发展的需要，也无法满足广大学生的心理发展需求。以育人为目标的大学生心理健康教育必将成为未来心理健康教育的基本走向。

（二）大学生心理健康教育功能的开发性

大学生心理健康教育功能的开发性是新形势下心理健康教育功能的新发展。随着知识经济的到来，我国科教兴国、人才强国战略的广泛实施，建设自主创新国家的目标和人才资源是最重要资源的发展趋向，把人的全面发展和人才资源开发提到了前所未有的高度。我国大学生心理健康教育在开展初期，教育内容主要侧重于指导学生提高心理适应能力和挫折承受能力，预防和减少心理疾患，但随着心理健康教育的普及与深化，开发学生潜能、培养创新能力受到更多的重视。心理健康教育之所以具有并可以发展开发功能，是因为人在认识和改造世界的过程中具有能动性，创造本身就是一种发掘、开发，是人的主观能动性的深层发挥。而人的能动性是有层次和深度的，不可能自发地完全释放出来，需要对其进行深度发掘。

创造性人格特质主要包括独立性、批判性、灵活性、幽默感、洞察力、责任感、事业心、自信心。大学生心理健康教育应涵盖学生创造力的培养、潜能的开发，在尊重大学生的兴趣爱好、发挥其特长与优势的基础上，充分培养学生探索新事物的兴趣，促进学生自我意识的协调发展，帮助学生提高人际交往能力和社会适应能力，促进其智力与能力的发展。

（三）大学生心理健康教育对象的广泛性

马克思所说的人的全面发展，不只是单个人的发展，而且是指"每个人""任何人"，即"全体社会成员都普遍得到发展"。大学生心理健康教育要面向全体学生，全体学生都是心理健康教育的对象和参与者，高等学校的一切教育特别是心理健康教育的设施、计划、组织活动，都要着眼于全体学生的发展，考虑到绝大多数学生的共同需要和普遍存在的问题，通过心理咨询、心理健康知识传播、心理课程、心理讲座、团体心理辅导、就业辅导、生涯辅导以及校园文化建设等形式组成立体式的心理健康教育网络，覆盖大学生生活的方方面面，为大学生提供及时、有效、高质量的心理健康指导，帮助大学生树立心理健康意识、掌握心理健康的基本知识和技能、增强心理调适能力和社会生活适应能力、培养健全人格、优化心理品质、提高心理健康水平，促进大学生全面和谐发展。

（四）大学生心理健康教育机制的系统性

当今高校在心理健康教育中普遍面临的一个突出困境是专业力量与现实需求之间的差距。在目前大学生心理健康教育专职人员相对短缺的前提下，建设一支以专职教师为骨干，专兼结合、专业互补、相对稳定、素质较高的大学生心理健康教育和心理咨询工作队伍，便显得尤为重要。

首先，配备一定数量专职从事大学生心理健康教育的教师。建设一支专业化的心理健康教师队伍是提高高校心理健康教育实效性的核心方法。应在学生工作系统设立大学生心理健康教育和心理咨询工作的专门机构，配备专职专业人员，具体负责组织实施大学生心理健康教育，切实做好心理咨询工作。

其次，有计划、有组织、有目的地培养一支大学生心理健康教育兼职队伍。高校所有教职员工都负有教育引导大学生健康成长的责任。要根据学生的思想动态和心理状况，在教学、管理和服务中，有意识、有针对性地做好教育引导工作。要重视大学生思想政治教育工作人员，特别是辅导员和班主任在大学生的心理健康教育中的重要作用，加强培训，使他们了解和掌握心理健康教育的基本知识和方法，帮助大学生处理好学习成才、择业交友、健康生活等方面遇到的具体问题，提高思想政治教育的针对性和实效性。

最后，开发大学生朋辈群体的心理健康教育功能。以班级和宿舍为单位，建立班级心理委员和心理联络员制度，其主要任务是立足本班、本宿舍，收集、传递心理健康信息，能够让他们在第一时间给身边的同学提供心理支持。这样，既缓解了高校工作的现实压力，也充分发挥了大学生的主体性，为高校探索大学生心理健康教育开辟了新途径。

（五）大学生心理健康教育方式的渗透性

培养学生良好的心理素质是一项系统工程，渗透在教育的每一个过程中，通过学生的体验和领悟，内化到其认知结构中，进而影响其情感、意志和行为。高等学校教师不仅要具备专业知识和教学能力，更要了解学生身心发展的规律，领会心理健康教育的意义，具备一定的心理健康教育能力，在各自的教育实践中自觉体现和渗透心理健康教育。

首先，心理健康教育在高校日常管理与教师管理中的渗透。精简的组织结构、民主的领导作风、宽松的制度环境和在管理上的参与，有助于学生自主、自立和坚持等心理品质的形成和发展，所以应对学校组织的运行和制度进行设计，以其中蕴含的价值观念促进学生心理的良好发展。其次，心理健康教育在校园文化建设中的渗透。校园文化中蕴含了更为广泛、复杂和深层的心理教育内涵和因素。弥漫于学校中的校风、班风、历史传统、心理氛围、仪式等所传承、倡导的人文价值和校园精神，已渗透和附着在校园内的各种环境因素及学校成员身上，潜在地影响着学生的心理活动和品质。最后，心理健康教育在各门具体学科教学中的渗透。实践表明，任何一门学科的教学都把实现学生能力的提高作为中心任务，为完成这个任务，教师要善于发现并利用学科知识中有关心理教育的具体内容，适时地对学生进行心理辅导，使学生在潜移默化中培养良好的心理品质和健全的人格。

（六）大学生心理健康教育载体的多样性

现代信息技术的发展为大学生心理健康教育提供了前所未有的发展机遇。首先，有利于大学生心理机制的完善和健全。当前，多元的媒体信息，虽然给大学生的心理带来了冲击，但也开阔了大学生的视野，有利于大学生知识的丰富，对于推进大学生的全面发展具有积极的意义；在虚拟的媒体环境下，大学生放松了自我，体验到了被尊重，体会到了平等、自由和自主的交流，这对于激发大学生的能动性、主动性、促进他们心理的健全与发展都具有重要的价值。其次，为大学生心理健康教育提供了更为宽阔的工作平台。大学生心理健康教育工作者通过在网络媒体上开设心理空间、心理交流社区、心理咨询室等，突破了传统教育在场地、时间上的限制，大大扩展了咨询的覆盖面，提高了大学生心理咨询的时效性。同时，在媒体上开展的心理咨询活动，互动性更强，大学生更容易敞开心扉和吐露真情，有利于高校心理咨询教师有针对性地开展引导和教育工作。最后，拓展了大学生心理健康教育的方式方法。在当前媒体中，高校可以通过多种途径、多种方式，来开展大学生心理健康教育和心理咨询。比如可以通过公开的讨论社区、BBS 贴吧、博客等开展团体咨询，可以通过微信、QQ 等即时聊天工具开展个体咨询活动；可以在媒体中传播大学生心理健康教育的文章、信息、实例等，普及心理健康教育的基本知识，增强大学生对常见心理问题的认识，提高他们自我调整的能力，促进他们的心理健康发展。

第三章 大学生常见的心理问题

大学期间，几乎所有的大学生都面临学习与生涯规划、人际交往与情感、自我认知与成长等发展任务，任何一个方面的发展受阻，都可能引发不同程度的心理困扰，甚至会成为心理障碍，严重的则可能转化为心理危机，不仅会影响大学生自身的健康成长，也给学校的安全与稳定带来了风险。本章主要对大学生心理健康状况及表现、大学生常见心理问题分类、影响大学生心理健康的因素、大学生心理调节的方法四个方面进行了论述。

第一节 大学生心理健康状况及表现

一、大学生心理健康状况

（一）总体水平良好，非心理疾患高发人群

近年来，大学生心理健康状况引起了社会各方面的广泛关注。特别是一些大学生心理危机事件被媒体曝光和放大，带来一些负面信息，很多人对大学生的心理健康状况产生了怀疑，社会上不少人认为大学生心理问题日趋严重，是心理障碍和心理疾病的高发群体。部分研究认为，大学生中心理障碍发生率呈现上升趋势，已经明显地影响到一部分学生的智能素质、人格成长及身体健康。但这些结论尚不足以充分说明目前大学生心理健康水平的总体状况，此外，对大学生的心理健康状况的评估是一项复杂的工作，涉及样本抽取测量工具的选择与使用、常模的使用等多种因素。北京师范大学林崇德认为，现在社会上有用极不科学、极不严肃的态度对待我们学校心理健康教育的现象。他们的思维逻辑是，之所以开

展心理健康教育，是因为许多学生心理不健康，这是对心理健康教育认识的最大误区[①]。他还认为，之所以会出现这种误区，主要原因有三个：一是对"心理不健康"的界定不科学。二是测量手段不科学，主要是用消极的量表来测定大学生心理状况。目前国内常用的一些量表，例如 SCL-90 量表等，都存在这个问题。三是当前人们对心理健康的关注达到了空前的程度[②]。

（二）心理健康水平和心理素质有待提高

虽然经过测评和分析，大学生心理健康状况总体上表现良好，但是也应该清醒地认识到，当前大学生的心理健康状况还是不容乐观的，大学生的心理健康水平和心理素质依然有待提高。大学阶段既是大学生人生发展的关键期，也是大学生心理发展任务完成的重要时期。社会的发展与变化、家庭的矛盾与冲突、个体的选择与发展都会对大学生产生不同程度的压力，容易引起大学生的心理波动，如果调节不当，就会诱发心理问题。此外，还有极少数的大学生因为人格上的不健全，自我调节不当，又不愿意主动寻求帮助等原因而产生心理障碍。

二、大学生心理问题的表现

（一）大学生常见的人格问题

人格由气质、能力、性格等构成。人格是人的心理行为的基础，它在很大程度上决定了人面对外界刺激如何做出反应以及反应的方向、速度、程度、效果。人格会影响大学生的身心健康、学习和活动效率、社会适应状况。健全的人格能带来健康的心理，同样不健全的人格会给心理带来不良影响，引发一些心理疾病，严重者还会导致人格障碍。按照严重程度，大学生的人格问题一般可以分为人格发展缺陷（不良的人格倾向）和人格障碍两种情况。

1. 大学生人格发展中值得关注的问题

大学生的人格发展往往会出现某些问题，具体表现为以下八个方面：

（1）自卑

自卑是指低估自己的能力，觉得自己各方面不如他人。主要表现为：只看到

① 鲍东明. 心理健康教育路一定要走正 [N]. 中国教育报 .2001.11.26.
② 王斯敏. 正确评估应对大学生心理问题 [N]. 光明日报 .2005.10.12.

自己的缺点或失败，而看不到自己的优点或成绩；用自己的短处去比别人的长处；遭遇失败时，过分夸大不利的一面等。同时，可能会伴有一些特殊的情绪体验，如害羞、不安、内疚、忧郁和失望等。

进入大学后，很多大学生都会遇到"相对平常化"的状态。因为比较的范围发生了变化，有些大学生发现身边的同学"高手如云"，尤其是当自己在学习、交往、文学、艺术、体育等方面显露出某些不足时，就会怀疑自己、否定自己，从而产生自卑心理。自卑常常和自尊联系在一起，自卑是自尊心受挫的结果，没有自尊心就不会有自卑感，过强的自卑感又以过强的自尊心表现出来。

（2）急躁

急躁是指为尽快达到目的，不经仔细考虑或准备就采取行动。急躁的人多缺乏耐心、细心和恒心。如在学习方面，表现为什么都想学，而且希望在短时间内就要学会，但由于超出了自己的实际能力，再加上时间有限，其结果或是半途而废，不了了之；或是蜻蜓点水，囫囵吞枣。在日常生活中，也经常会忙中生乱，甚至祸及他人。

（3）悲观

悲观的人总是从消极的角度去看问题，总把眼睛盯着伤口和困难，常常是一叶障目，不见泰山。有的大学生一遇到不如意、失败，就垂头丧气、怨天尤人；有的大学生面临重任、挑战就自认无能为力，甘愿失败；有的大学生对前途失云信心，心灰意懒等。悲观的产生，既有人生态度、意志品质方面的原因，也有认知错误、人格不成熟等方面的因素。

（4）猜疑

猜疑主要表现在：所有的结论都是建立在猜测的基础上，因而往往缺乏事实根据，也缺乏合理的思维逻辑。猜疑的人对人、事、物都十分敏感，如看到同学背着自己说话，就疑心是在讲自己的坏话；看到同学没和自己打招呼，就猜想其对自己有意见等。在猜疑心理的作用下，人的一言一行都会带上可疑的色彩。疑人偷斧的寓言就是生动的例子。

猜疑会导致人际关系紧张，伤害彼此间的感情，甚至会酿成祸端；同时也会使自己处于不良的心态之下。

（5）害羞

害羞通常表现为不敢在大众场合发表意见，害怕与陌生人打交道，路上见到异性同学会手足无措，见到老师会难为情，当众说话感到紧张等。害羞之心，人皆有之，但过分的害羞则会导致压抑、孤独、焦虑等不良心理状态，还会阻碍人际交往，影响才能的正常发挥。

害羞是自我防御心理过强的结果。害羞的人常常过于胆小被动，做事谨小慎微，过分关注自己，自信心不足。

（6）怯懦

怯懦主要表现为缺乏勇气和信心，害怕可能面临的困难和挫折，在挫折和困难面前常常知难而退，甚至不战而败。不敢与人讲话，不敢出头露面，也不敢表明自己的态度，甚至不敢向老师提问。但越是回避矛盾、躲避失败，越容易体验到强烈的挫折感。有些大学生一直一帆风顺，因而特别害怕失败。"只能成功，不能失败"的非理性信念是造成一些大学生怯懦的认知因素。

（7）狭隘

凡事斤斤计较、耿耿于怀、好嫉妒、好挑剔等都是狭隘的表现。狭隘会影响人际关系，伤害他人感情，给自己带来烦闷、苦恼，也影响自己在他人心目中的形象，百害而无一利。狭隘的人多见于内向者。

（8）自我中心

自我中心是指考虑问题、处理事情都以自我为中心，将自我作为思考问题的出发点与归宿。表现为目中无人，甚至自私自利，当遇到冲突时，总认为自己是对的。特别是那些自尊心强、优越感强、过于自信的大学生，很容易陷入自我中心。

2. 大学生不良的人格倾向

所谓人格倾向指的是较为突出的人格特征。不良人格倾向没有达到人格障碍的程度，但是因此产生多种心理冲突，引起心理上的不适，从而影响自己或他人的生活。

（1）偏执型人格倾向

所谓"偏"是指片面看待事物，所谓"执"是指固执己见，这是"偏执"一词负面意义的解释。对大学生来说，偏执的负面作用经常干扰着人际关系，甚至影响学习。这些负面作用表现在：过强的自尊心，经不起批评和挫折，对他人不够宽容，对同学过于提防而封闭自己等。

（2）冲动型人格倾向

这种大学生容易感情用事脾气暴躁。他们的优点是能够"路见不平、拔刀相助"，给人一种很仗义的印象；缺点是经常控制不住自己的情绪，容易在人际交往中发生恶性冲突事件。

（3）表演型人格倾向

刚开始接触这种大学生，会觉得他们活泼热情擅长交往、乐于集体活动、言语和表现生动而丰富。但是，随着相互了解的加深，就会逐渐感到这些同学有些夸张、华而不实、感情不稳定且有些肤浅。在恋爱交友当中，他们的这些特点比较突出，虽然在个性和表现上有很吸引人的一面，但很难建立稳定的关系。"你追他就跑，你跑他就追"，形象地描述了这部分学生的恋爱交友特点，经常给他人造成失恋和痛苦。应当强调，这些学生的所作所为并不是故意的，而是因为他们控制不住自己的情感倾向。

（4）强迫型人格倾向

这种大学生兴趣单一、过分谨慎、一丝不苟，甚至有些刻板。他们对自己的学习、生活和交友要求甚高，但缺少愉快的心理体验。与这些同学交往会有一种乏味和觉得他们很累的感觉。强迫性人格倾向的产生与父母的严格管教和从小到大的强迫性学习有关，他们在思维方式上不是用"心"在想而是用"理"在想。做事找不到根据或达不到标准，就会焦虑不安。但是他们做事认真的态度和严谨的习惯也给人以可靠和信任感。

（5）焦虑型人格倾向

这种大学生胆小、自卑，他们在人际交往方面对别人的态度很敏感，自尊心经常因为别人不经意的言行而受到伤害。自幼父母过度的保护、封闭及缺乏人际交往经验，与焦虑性人格倾向的形成有关。

（二）大学生常见的问题行为

大学生在社会化过程中逐渐形成较为固定的习得性行为，当个别行为偏离常态就会成为问题行为或不良行为。一般说来，由于社会环境、人生阅历、自身的认识和能力等因素的影响，每个人在成长过程中都会产生一些问题，但大多数问题都能够通过自己的努力或他人的帮助得到解决，因此不是所有的问题都表现为问题行为。这些问题行为不符合社会期望、社会规范，既影响了大学生的身心健康和良好品德的形成，又影响了学校和教学管理活动。

由于种种原因，大学生的问题行为目前呈现出越来越多的趋势，产生的危害也越来越大。因此，能否有效预防和及时处理大学生中出现的各种问题行为，将严重问题行为扼杀在萌芽状态，是学生工作的重要内容之一，它关系到社会和学校的稳定、班集体的健康发展和学生个人的健康成长。

1. 学习方面的问题行为

现代大学生中普遍存在的学习问题是学习动机下降、课堂问题行为增多。有的学生因为学习负担过重，产生焦虑烦躁心理，缺乏恒心，情绪易变，心理承受力差，容易因为一点小事而引起严重后果。有的学生在学习过程中出现了记忆障碍、思维障碍、考试焦虑、注意力分散、学习兴趣贫乏。有的学生经常逃课，甚至出现严重违规违纪行为。大学生的课堂问题行为表现更具有普遍性和多样性，如睡觉、开小差看课外书、聊天玩手机、做其他作业、听音乐、吃零食、迟到、早退等。

2. 人际交往方面的问题行为

主要包括交往中的攻击行为和退缩行为。前者是不会交往，后者是害怕交往。

攻击行为是指经常性的、有意伤害和挑衅他人的行为，包括言语伤害、身体伤害和权利侵犯等。大学生之间因矛盾而互相辱骂、恶意中伤、打架斗殴、甚至动用武器伤害生命的攻击性行为和暴力行为，严重影响了大学生的身心健康和学业进步，给社会也带来了诸多不安定因素。

退缩行为是指不敢与他人交往或者回避与他人交往的行为。现代大学生多为独生子女，容易形成自我为中心的交往方式，刚踏入高校的时候，人际沟通技巧普遍不够。在没有建立起合理的交往方式时，他们会产生孤独感、猜疑心等一系列问题，于是不敢交往、回避交往，这些心理问题又会进一步加重社交恐惧，最后促使他们陷入自我封闭的恶性循环。

3. 虚拟世界里的问题行为

现代社会是网络信息社会，网络的介入使得社会信息的交流更加快捷和丰富多彩，大学生在网络中学习了大量的知识，但也有学生把握不住自己而迷恋网络。

他们对课堂学习没有兴趣，对网络产生了亲近感和依赖感，给学习带来了负面的影响。

（1）戏剧性网络行为

戏剧性行为是个体为了构建自我形象，在他人或社会面前的一种有意识的自我表述。部分大学生的网络行为追求一种夸张的表现形式，展示与众不同，以期实现他人对自身的关注与模仿，具有戏剧行为的特点，包括戏谑粗俗的网络语言、网络"恶搞"行为、感情"快餐"。正是由于这种戏剧性的网络行为大行其道，导致部分大学生网络行为随意，道德素质滑坡，对于社会、学校、家庭与自身的责任感削减。

（2）肆意性网络行为

肆意性的网络行为问题是指大学生在使用网络的过程中发生的偏离或违背社会规范要求的行为，主要包括：不诚信；网络色情；捏造新闻，发布虚假消息；参与网络赌博；冒用他人注册信息从事恶作剧；等等。这些肆意性的网络行为问题，传达出来的信息观念和价值诱导极大地冲击着当代大学生的道德价值取向，容易导致其道德责任感的缺失、自我约束力的降低以及自由意识的泛滥，严重的会导致网络犯罪行为。

（3）侵犯性网络行为

侵犯性的网络行为问题是指大学生在网络使用过程中发生的对他人和社会的合法权益造成危害的行为。大学生侵犯性网络行为可以分为侵权、侵入与破坏。严重的侵犯性网络行为问题将导致犯罪，扭曲人格，阻碍大学生的顺利成才和发展。

4.社会适应方面的问题行为

生活自理能力低、社会适应性差、依赖父母，是部分大学生无法解决的尴尬。长大，意味着独立自主，意味着承担责任，意味着要勇敢地去面对竞争、参与竞争，意味着不怕失败。然而有的学生不想长大、拒绝长大，表现为对毕业感到恐惧、对毕业就业双向选择的无所作为，毕业后以复习考研为借口而不就业等。这种心态是一种逃避社会的心态，是一种自我束缚。这既是社会适应严重缺失的表现，又是社会适应的巨大屏障。

5.违纪违法行为

当今大学校园中，大学生违纪行为时有发生，影响了正常的大学教学、管理与日常生活。违纪行为折射了大学生在自我管理、自我控制、自我成长方面的不成熟。大学生违纪行为呈现出多样化、社会化、网络化的趋势。传统的违纪行为集中在学业方面，如逃课、旷课、考试作弊等违反正常教学秩序的行为，现在一些以前鲜见的治安违法案件也时有出现，如盗窃、斗殴、伤害他人等，大学生网络化生存带来的网络方面的问题也呈增长趋势，如网络暴力、网络色情、网络诈骗等，有些大学生甚至陷入犯罪的深渊。违纪违法的大学生往往伴随意志力薄弱、情绪控制力差、人格发展不良等特点。

第二节　大学生常见心理问题分类

一、学习心理问题

一位西方教育家说过：在中学阶段，学生伏案学习；在大学里他需要站起来，四面观望。大学学习不是从一个门槛跨入另一个门槛，而是攀上了一个更高的台阶，每个学生都要对其特点和规律有所认识与把握，都要不断调整与适应。当然，还需要对完成学业过程中的各种努力结果有一定的心理准备和应对策略。当今大学生主要存在以下学习心理问题：

学习动力不足——为学习而学习，始终不能进入学习状态，总感到是在巨大的考试压力下被动学习，静下心来想的时候又会感到很苦恼。缺乏对学习必要性的认识和对未来理想的追求，从而对学习采取一种应付态度，把学习当作一种任务，学习不求深、不求精，只求考试通过，俗话说的"60分万岁"。

学习适应困难——进入大学后，不能把握大学的学习特点和学习规律，在适应大学学习和生活方面产生了困难。例如，没有恰当的学习目标和计划，忽视理论应用和实践操作，不能根据自身条件选择选修课，过多参加社会工作、文体活动、创业实践；没有合适的学习策略和方法，被动学习、机械学习，不懂得科学合理地安排时间。

学习疲劳——主要体现在生理疲劳和心理疲劳两个方面。生理疲劳主要是肌肉受力过久或持续伸缩造成肌肉痉挛麻木、眼球发疼发胀、腰酸背痛、打瞌睡等；心理疲劳主要是感觉器官活动机能降低、注意力分散、反应迟钝、情绪躁动，忧郁、烦躁、易怒、学习效率低。

学习挫折——很多新生在中学时是学习尖子，深得老师的夸奖、家长的喜爱和同学的钦佩。但自从上了大学，考试成绩总是不理想，尤其是期中、期末的大考，自认为已经想尽一切办法、做出一切努力了，仍然于事无补，自尊心受到打击，感到自己很没用，没信心继续读下去，甚至无心向学。

考试焦虑——每当考试来临，许多大学生都不同程度地产生焦虑感。所谓考试焦虑，是指在一定的应试情境下，受个体认知评价能力、人格倾向与其他身心因素的影响，以担忧为基本特征，以防御或逃避为行为方式，通过不同程度的情绪反应所表现出来的一种心理状态。

二、人际交往问题

大学生的心理问题主要来自人际交往方面。有人甚至用"因自负而不屑交往""因恐惧而不能交往""因自卑而不敢交往""因孤僻而不愿交往"来形容大学生的人际状况。人类的心理病态主要是由于人际关系的失调而引发的。大学生主要存在以下人际交往问题。

人际孤独——较多大学新生在入校之初常有一种无依无靠、孤单烦闷的孤独感。事实上，每个人都会感到孤独，都曾有过孤独感。孤独是人存在的感受标志，适当的孤独能使人更好地认识自己、完善自己，但时间过长或者孤独感特别严重就不好了。

人际冲突——大学生的自尊心较强，如在交往中缺乏基本的尊重和理解，过分地以自我为中心，苛求、挑剔、猜疑别人，甚至讽刺挖苦他人；有了误会不沟通，有了冲突不忍让，甚至采取报复手段，不仅伤害了别人，而且伤害了自己，造成内心的痛苦，甚至有人还钻进了牛角尖，难以自拔。

人际关系失调——有主见变成了偏执己见，心直口快变成了不注意隐私……有些大学生常有这样的苦恼：自己对同学朋友坦诚相见，又乐于助人，可在人际交往中却常常受到伤害。为什么优点也能影响人际关系？其实，并不是优点本身有错，而是在表现优点时不注意小节，忽视了群体，暴露了他人隐私，等等。

人际交往恐惧——严重自卑的人因担心别人瞧不起自己，不敢与人交往；缺乏交往技巧，因担心自己不会说话或说错话，不敢与人交往；曾经被人拒绝的人因害怕再次被拒绝，不敢与人交往；甚至有人因追求完美、思虑过多，不敢与人交往，因为缺少人际交往，久而久之造成心理封闭。

人际沟通不良——大学是以集体生活为特征的，同学和室友分别来自不同地域、不同民族、不同家庭，大学生在思想观念、价值标准、风俗、习惯、语言、性格、爱好等方面不尽相同，这就难免会造成有些大学生虽有良好的沟通愿望，但结果往往适得其反，引起误解，想解决却又不得其法，从而造成心理障碍。

三、环境适应问题

部分大学新生有不同程度的适应性困难。在入学后，新生会出现诸如生活自理能力差、心理承受能力差、人际交往能力差等心理问题。应该说，大学新生出现适应性障碍还是十分普遍的。

生活环境变化——很多新生不习惯大学生活，不仅仅是因为他们是独生子女，而是因为集体生活中少了家人照顾，没了自由自在，更重要的是没有适应大学新生活。没有适应不同交往方式的心理准备，缺少相互体谅、相互理解，不能及时改进自身的处事方式，找不到有共同兴趣、共同追求的新朋友而感到孤独。

学校管理变化——无论是学习还是生活，大学主要依靠学生自我管理和自我约束，表面上比较宽松，实际上对学生的要求更高。许多大学新生只认识到这种形式上的由紧到松的变化，没有积极主动地加强自主、自立、自理能力的培养，遇到困难和挫折后难以应对。

社会要求变化——社会对中学生的要求比较简单，对大学生的要求则不同，涉及政治思想意识、生活方式诸多方面。大学生要从政治、思想、心理、态度、行为方式上都经历一个面向现代化的转变，成为全面具备道德、身心、知识、能力、国际化五种素质的人，这导致大学生的巨大心理压力。

四、自我意识问题

大学生或多或少都有一些优越感，再加上一些家长长期对孩子的期望太高，使得一些大学生对自己的期望值也很高，压力过大、心理失衡，自我意识出现各种发展的偏差，经常表现在自信心、意志力、独立意识、自知度等方面，具体表现有：自卑、自负、盲目、懒惰独立、逆反、以自我为中心、从众，严重的还会导致自残或轻生等。

五、恋爱与性心理问题

在恋爱问题上，大学生比较容易想到的是不能很好地处理学业与恋爱的关系；还有人只是为了了解自己的魅力做爱情测试，一旦对方爱上自己又想摆脱；有人已经爱得"惊天动地"了，还不知道为什么爱、要不要继续爱；也有人认为自己爱错了对象，等等。

在性心理问题上，大学生处于"性饥渴时期"，一边是萌动的性意识和性欲望，一边是学校和社会的自律苛求，相应地推迟了大学生通过婚姻获得性满足的时间。如果调适不好，也容易产生心理及行为偏差的问题。

六、不良行为

所谓不良行为，是指那些违反社会公共生活准则和有关行为规范，或者不能良好地适应社会生活，从而给自身、他人和社会造成不良影响或者危害的行为。过去总觉得未成年人的不良行为多，现在大学生的不良行为也不少，主要表现在偷窃、逃课、吸烟、酗酒、违纪违规、网瘾等，多数是不能很好适应大学生活的表现。

七、个性心理问题

由于大学生的个性大多是在中学和大学中形成与巩固下来的，与校园生活中的专业学习、经历经验、人际关系、身份角色有一定联系，所以具有习惯性和相对稳定性的特点，也具有实践性的特点。即使有偏执强迫、依赖、回避、被动攻击、妒忌等不良个性及心理问题，也可以重新塑造。

八、精神障碍

神经症是大学生的主要精神障碍，其中又以精神衰弱最为常见。大学生心理障碍更多地表现在应试教育的苛刻要求导致的强迫，情绪紧张导致的焦虑，悲观失望引起的抑郁，人格不健全导致的人格偏执，人际关系敏感，以及对他人和周围环境怀有敌意六个方面。

大学生如果大脑长期负担过重，过度疲劳，或者遭受重大打击（如患急病、重病，家庭变故，失恋，考研失败、求职失败）后精神受刺激，情绪持续处于紧张状态，有的造成精神系统的功能较低或失调，表现为焦虑症、强迫症、恐惧症、抑郁症、神经衰弱等，有的出现类似精神分裂症或抑郁狂躁症症状。

另外，因精神病退学和死亡的学生中，以精神分裂症为首位因素，这种重性精神障碍比例虽然不高，但危害性较大，值得重点关注。

第三节　影响大学生心理健康的因素

一、影响大学生心理健康的内因

（一）大学生所处的人生发展阶段的特殊性

人在不同的年龄阶段，有着与之相应的生理与心理发展课题。心理成熟的标志之一就是能够圆满顺利地完成心理发展任务。

美国心理学家阿奈特提出成人初显期理论，他认为在工业化国家，18～29 岁是人生一段独立的时间，并具有以下五个特征。

1. 自我同一性探索时期

自从埃里克森提出"自我同一性"理论以来，关于同一性的探索一直是心理学领域研究的热点。同一性是一个人对"我是谁"与"我怎样适应周围的世界"的感受。成人初显期也是同一性探索时期，他们要在恋爱、职业和价值观上做出严肃的选择。恋爱同一性的建立意味着他们尝试约会，从中获得体验和经验，以期找到适合的"灵魂伴侣"，找到一个可以终身相守的人。职业同一性的建立，意味着接受各种教育与职业培训，逐渐了解并获得最适合自己的工作。因此，"工作不仅仅意味着上班和挣钱"，而是一种乐趣，也是自我认同与自我表达的方式。

在价值观上，同一性的建立意味着选择自己在有关道德、宗教和政治等方面所信奉的观念。

2. 不稳定时期

成人初显期是不稳定的时期，这也意味着18～29岁是一个充满变数的时期。这个时期个体的人生观、价值观、恋爱观与职业定向都在探索之中，这也是埃里克森的继承与发展，也更加贴近目前年轻人的现实状况。

3. 自我关注时期

这个特定时期，是受社会控制程度最小的时期。儿童和处于青春期的个体的生活被成人严格地结构化了，离开成人初显期进入成人期，个体的生活又被他们的角色结构化，与儿童期和青春期相比，初显期成人是受父母控制最少的，他们也没有承担为人夫、为人妻和为人父母的角色。这个时期也称为自我关注的特殊时期。

4. 处于过渡与夹缝感的时期

18～29岁是令人尴尬的时期，个体感觉自己既不处于青春期也不是成人。初显期成人认为成人的重要标志是经过数年逐渐成长获得的，最具有标志性的是：一是对自己负责；二是独立做决定；三是经济独立。

5. 充满机遇的时期

虽然年轻的大学毕业生成为"蚁"族而存在，但对于未来，他们依然充满期待，这既与年轻人的心理特点相关，也与我国的快速发展相关。

（二）大学生的个体心理特质的影响

大学生正处于成年早期，心理发展处于从不成熟向成熟过渡的重要阶段，世界观、人生观、价值观均在发展之中，这些不稳定因素容易导致心理弱点的形成，心理弱点在不良外部环境下就容易转化成心理危机。从大学生自身分析，主要有以下因素：

第一，认知态度。认知是大学生们看待事物的方式，包括思想观念，阐释事物的思维模式、评价是非的标准等。个体不同，认知因素也有差异。如果认知因素之间不协调，则容易产生心理偏差。

第二，自我意识。自我意识是对自己的认识。自我意识发展正常，是衡量一个人心理健康的重要标志。大学生自我意识发展容易出现误区，产生心理问题。

如自我同一性误区，如果大学生的自我同一性混乱，则容易出现人格障碍。另外，大学生的自我中心、自卑等自我意识都会对心理健康产生不良影响。大学里相对开放的学习环境与学生们在中学时代的学习环境有很大的不同，学生需要一段时间适应环境的变化，这是一个自我认知的过程，很容易出现心理问题。如果学生对自己认识不足，导致对自己的评价过低或者过高，就很容易产生自卑或者自负心理，这两种心理都是非常不健康的，不利于学生的长远发展。另外，大学生作为同龄人中的佼佼者，不论对自己的要求过高或者过低都会让自己心理产生矛盾，进而影响心理的健康发展。在理想与现实之间，学生应当以客观的态度面对现实，以积极的心态面对自己的理想，勇敢面对现实中的困难，不逃避、不气馁。

第三，情绪。人的情绪体验是多维度、多层次的，是个体生存和社会适应的内在动力，是维持心理健康的重要因素。一般而言，稳定积极的情绪有益心理健康；相反，负面情绪不利于心理健康。

第四，人格。人格是心理活动的核心。人格具有社会历史性，它是在遗传的基础上通过社会活动逐渐形成的，但是，它一旦形成，就会对个体的心理和行为带来很大的影响。例如：同样的生活挫折对不同人格的大学生，其影响程度是不一样的，有的人消极应对，自暴自弃；有的人积极应对，努力寻找解决的办法，改变现状。对大学生而言，不健全的人格是产生心理问题的重要内因。

人格可以看作人们在适应社会的过程中表现出的具有一定倾向性的心理特征。人格受两种不同因素的影响，分别是遗传因素和环境因素，其中环境因素是影响人格的主要因素，如家庭、社区、学校等。社会上不同的地域有不同的文化，这种文化的差异会导致人们表现出不同的人格特征，而人格特征是一个非常重要的、对人们心理健康产生影响的因素。

在日常生活中，人们会经常听到"完美主义"这个词，很多人也被称作"完美主义者"。其实，完美主义又可细分为两种，一种是正常完美主义，另一种是神经质完美主义，它们都是相对稳定的人格特征。正常完美主义者一般都能够很好地适应社会环境，以乐观积极的心态面对生活和工作，虽然对自己的要求比较高，但是对自己有一个正确的认知。而神经质完美主义者则完全相反，不但不能很好地适应环境，而且还经常产生一些不切实际的想法，即使环境已经发生变化也始终固守自己的标准，这种完美主义者特别容易产生负面情绪。

（三）其他内因

1. 遗传因素

通常情况下，人类的心理活动是无法被遗传的。然而，人的身体和心理都是一体的，作为身心具备的整体，身心与遗传之间又存在着紧密的联系。基因对人的性格、智力、神经过程的行为特征都存在着很大的影响。大量的调查及临床观察显示，精神病患者家族中有相当一部分人罹患精神病或是在精神方面存在异常表现，如智力发育不全、性格古怪、狂躁、抑郁。除此之外，以躁郁症及精神分裂症病人家属患病率为例，精神病发病原因的确存在着显著的血缘关系，且血缘关系愈密切，发病率愈高，体现了遗传因素的影响之大。

2. 大学生自身心理因素

大学生的心理健康状况与他们的心理素质、心理承受能力息息相关。同一事件发生在不同大学生身上，对于大学生来说其意义也不尽相同，所以对大学生的心理健康也会产生不同的影响。总体上来说，大学生的认同危机、个性缺陷、心理素质不完善、情感发展不稳定等因素导致了大学生对同一问题有着不同的评价态度，进而使得其心理健康上所受到的影响存在差异。

此外，挫折在个体的成长过程中无处不在。在大学学习和生活中，大学生同样会遇到各种各样的挫折，如考试方面的挫折、人际方面的挫折、经济上的挫折、理想与现实之间的落差所带来的挫折、家庭关系上的挫折、情感上的挫折等。面对这些挫折，心理抗挫能力较强的大学生可以很好地调适心理，及时消除挫折带来的挫败感；而抗挫折能力较弱的大学生，则容易产生消极的情绪反应，如感到自尊心受损、自信心丧失，或产生紧张、不安、焦虑、恐惧、抑郁等心理。这些负面心理会影响大学生心理的健康发展。

二、影响大学生心理健康的外部因素

许多心理问题都是由对环境适应不良引起的。影响大学生心理的环境主要包括社会环境、学校环境和家庭环境。

（一）社会环境

生活节奏、社会风气等社会环境因素的变化，是影响人的心理健康的重要因素，不可忽视。

第一，文化价值观念的转变激起大学生心灵的震荡。随着西方文化的涌入、网络时代的到来，大量的新事物、新思想、新潮流迅速涌现，给原有传统的价值体系带来很大的影响和冲击。这些冲击折射到校园里，便出现了拜金主义、享乐主义、极端个人主义等片面的价值观，这对大学生心理健康构成了巨大的威胁。

第二，社会环境变迁带来的压力，是导致大学生心理障碍的外部原因。市场经济中的激烈竞争，在促进社会各方面飞速发展的同时，亦造成了一系列的社会问题，紧张的生活节奏和巨大的工作压力使人感到精神压抑，身心疲惫。当社会文化环境发生了变化，而人的心理品质与行为方式却不能做出与之相应的改变，或者社会文化环境的变化过于迅速、频繁或强烈，超出了人所能适应的范围时，就不可避免地会出现社会文化关系失调或适应困难的情况，并可能导致心理异常，严重时会造成精神疾病。

目前的在校大学生，是在社会经济、政治和文化等诸多方面产生巨大变革的时代中，出生和成长起来的。这给大学生所带来的重要影响之一就是价值观念的变迁。传统的价值观不断地与现代价值观碰撞，新旧价值观不断地发生着冲突。在价值观的这种碰撞和冲突过程中，大学生一方面要适应新的价值观念，另一方面还要对新的价值体系进行整合，增强其开放性和应变能力。但由于大学生处于一个自我意识尚未完全成熟、价值判断和选择仍缺乏稳定、统一的发展阶段，他们在处理价值冲突问题上就会显得紧张甚至是困惑，也就容易产生适应障碍。

（二）学校环境

对大学生的心理健康影响较大的另一个环境因素是学校。学校是大学生生活、学习的主要场所，学校的环境和教育对大学生的心理状态有着更为直接和深刻的影响。

第一，学校的整体环境对大学生的心理发展有着较大影响。在大学，来自不同地域的学生会合成一个群体，他们各自的生活习惯、性格兴趣有所不同，在人际交往过程中，有些同学很难适应。有的大学生想和别人交往，但又怕被人拒绝、抛弃，结果不敢与人交往，把自己的内心世界和情感封闭起来；有的大学生由于异性交往恐惧或失恋致使感情遭受挫折而产生了闭锁心理；有的大学生由于性格上的不合群，在同学中不被理解而遭排斥，长期独来独往；有的大学生虽有良好的沟通愿望却不得其法，常常引起误解，心理不愉快。这些现象发展下去，必然影响身心健康。

第二，学校教育对大学生的心理发展也有较大影响。一是大学生缺乏对社会生活的深刻体验。虽然对大学这一新环境既充满新奇与兴奋，又有很多美好的愿望，但是随着时间的推移，新鲜感逐渐消失，一切都显得很平淡，加上对大学相对宽松自由的学习氛围、学习内容和学习方法的不习惯、对大学集体生活的不适应，由此产生对家人的眷恋和依赖感，产生孤独、压抑、空虚等心理障碍。二是部分学生的基本生活能力不足。因此，在辅导实践中，我们发现，大学生中出现的一些突出的心理障碍个案，在查找原因时往往发现与其早期经历相关，其心理问题在中小学阶段要么被压抑下来了，要么仍在积累的过程中，到了大学阶段，学习压力仍然没有减少，外部约束相对减少，隐藏的、压抑的心理问题就爆发出来了。

（三）家庭环境

家庭是个人成长的第一环境，是个体身心发展受到最早影响的环境因素。一方面，大学生是家庭的一员，在家庭中拥有确定的身份，并承担明确的义务和责任，享受应有的权利；另一方面，大学生和家庭及其他成员间存在着复杂的心理关系。缘于亲情关系，大学生的思想、情感被家庭牵扯、左右；大学生个体对生活事件的反应实际上是家庭对生活事件反应的缩影，大学生心理状况的呈现，在某种程度上是家庭现有状况的反映或家庭矛盾的宣泄口。

第一，不良的家庭环境因素容易造成家庭成员的心理行为异常。苏联著名教育家苏霍姆林斯基曾说过：学校里的一切问题都会在家庭里折射地反映出来，而学校的复杂教育过程中产生的一切困难根源，也都可以追溯到家庭。家庭因素对大学生心理的影响，主要反映在家庭的情绪氛围、父母的教养态度、家庭结构和家庭经济状况。其中父母对待子女的态度是最关键的。首先，家庭氛围对人的心理健康和人格发展会产生非常重要的影响。如果家庭成员之间亲密度低，易导致情绪问题的出现；在家庭中不能顺利地表达自己的情感，就不能缓解成长中的困惑所带来的心理压力，不能形成具有安全感的人格特征，从而进一步形成人际沟通障碍；矛盾性高的家庭，其成员之间通常矛盾冲突较多，会感觉到压抑和焦虑。因此，如果家庭成员对社会发展状况了解，视野开阔，对子女的心理需求包容性大，易增进成员之间的情感交流，促进关系融洽，有助于子女的心理健康成长。

第二，父母的教养方式对个体的心理发育、人格形成、归因方式及心理防御能力等都有着极其重要的影响。大学生在步入社会之前，很大程度上受家庭环境和父母言谈举止的影响，不同的家庭教育必然产生不同的结果。埃里克森指出，如果个体没有得到父母的细心关怀，而遭受忽视、抛弃、敌视，他们长大后则不会信任他人，不信任周围环境，尤其是不信任自己的能力，感受到持续不断的焦虑并产生神经官能症的精神防御症状，他们将用这种方式去应付他们所看到的世界。弗洛姆也指出，如果个体被父母多年错误对待，他们将变得虚弱，长大后将变得焦虑和脾气变化无常，其结果就是形成神经官能症的性格结构。

第三，家庭结构对大学生心理健康的影响也不容忽视。家庭结构是家庭成员之间稳定关系的模式。家庭结构的划分方式比较多，按家庭成员的构成来划分，可分为主干家庭、核心家庭、联合家庭和单亲家庭。在我国，独生子女家庭的数量较多。独生子女家庭的结构特点必然会对大学生的心理健康产生相应的影响。来自中国矿业大学心理健康中心的追踪调查发现，独生子女焦虑项均值显著高于非独生子女，而强迫、抑郁项均值显著低于非独生子女；家庭结构不完整对大学生心理健康的影响也很大，如果父母、学校老师不加以特别的关注，其心理容易受到影响。许多研究表明单亲家庭对孩子的成长有不良影响，单亲学生更易于形成极端人格或人格障碍。寄居家庭、重组家庭的学生，均表现出明显的强迫和抑郁情绪或行为。

第四，家庭经济状况对大学生的心理健康也有显著的影响。一方面，家庭经济困难增加了学生的生活压力、学习压力，另一方面，家长对子女的期望值过高，加重了子女的心理负担。由于家庭经济力量薄弱，贫困大学生的需求长期处于不被满足状态，这使得压抑逐渐成为他们的一种惯性心理适应方式。他们虽然能面对困境，但经常处于痛苦、矛盾、焦虑的情绪体验之中。这些负面情绪随着贫困大学生的成长而逐渐泛化和扩展，易形成不良的个性心理特征。

（四）网络环境

网络环境对大学生心理健康的负面影响具体如下。

（1）认知问题

网络的自由性、平等性和内容的丰富性，可以在某种程度上弥补大学生的心理空虚，使其获得精神上的慰藉，让他们有一种表面上的安全感。这种安全感会让部分大学生对现实产生误解。他们会认为相比于纯洁、真实、和善的网络，现实黑暗且虚伪。

（2）情绪问题

互联网的虚拟化特点让人们面对面的交流和沟通变得越来越少，尤其是一些大学生在网上的沟通中，经常会遇到感情上的骗子，让他们变得冷漠，不再相信世界和人性都是美好的。

（3）伦理道德问题

网络具有隐匿性的特点，其潜移默化、任意地影响着人类的道德，很多大学生通过网络来辱骂、诽谤、攻击别人，以此来发泄自己对现实世界的不满。随着时间的推移，这种行为会被逐渐淡化，甚至会让他们忽略现实中的社会规范和道德约束。

（4）意志消沉，战意全无

一些大学生由于对互联网的痴迷，使他们失去了最初的抱负和理想，忘记了自己的人生目标，心中充满了空虚和迷惘，从而导致了他们的学习退步，甚至荒废学业。

（5）行为问题

人的行为是人的思想的外在表现，互联网上虚假、低俗，甚至反动、淫秽、暴力的信息层出不穷，一些大学生会受其诱惑或者出于好奇心而模仿网络中的情节动作，甚至个别学生因此而误入歧途，步入犯罪之路。

第四节　大学生心理调节的方法

一、心理困扰的调节

当大学生出现心理困扰时，并不需要立即寻求帮助，因为个体都会有自我调整的一个过程。所以对于大学生的一些心理困扰，不要忽略自己的自我调整能力，给自己一个自我成长的机会。依据发展心理学的理论，每个人都应该去承受一些心理困扰，这样才能更好地成熟起来，以适应社会、提升心理素质。大学生心理困扰的自我调节方法有以下七种。

（一）理性情绪法

美国临床心理学家艾利斯创立的"理性情绪疗法"认为，情绪困扰并不一定由诱发事件直接引起，而常常是由经历者对事件的非理性解释和评价引起的；如果改变非理性观念，调整了对诱发事件的认识和评价，领悟到理性观念，情绪困扰就消除了。例如，有的学生在择业过程中受到挫折便消沉苦闷、怨天尤人，其原因在于他原本认为"择业应当是顺利和理想的"，正是因为这样的心理定式，才导致了不良情绪。如果将这些想法加以纠正，不良情绪就会得到克服。大学生在处于消极情绪状态时，要善于从中分析、抽取非理性的观念，综合、概括出理性的看法，并对比两种观念下个人的内心感受，使自己走出非理性的误区。

（二）合理宣泄法

大学生处于焦虑、抑郁等消极情绪状态时，不能一味地把不良情绪藏在心底，而应进行适当的宣泄。比较好的办法是向知心朋友、老师倾诉，把心中的不快说出来，甚至可以大哭一场，使紧张的情绪得到缓解或消除；另外，也可以通过参加一些大运动量的户外活动，如打球、爬山等，宣泄不良情绪。宣泄情绪要注意场合、身份、气氛，宣泄要适度，没有破坏性。

（三）自我慰藉法

自我慰藉就是自我安慰。大学生遇到困难和挫折，在经过最大限度的努力仍无法改变状况时，要说服自己，适当让步，将不成功归因于客观条件和客观现实，同时要勇于承认并接受现实。这样，就能缓解因心理矛盾而引起的悲观失望等不良情绪，重新找回自信，树立继续努力的信心。

（四）情绪转移法

在情绪低落时，可以采取缓冲的办法，把自己的精力和注意力转移到其他活动中去。例如，学习一些新知识、新技能，或是参加一些自己感兴趣的活动，把不愉快的情绪抛在脑后，使自己没有时间沉浸在不良情绪中，以求得心理的平衡。

（五）自我激励法

大学生在现实的竞争中常常出现胆怯、信心不足等问题，可以通过积极的自我暗示、自我激励进行调节，增强自信心。如运用内部语言或书面语言来调节情绪，在心里默念"我会发挥得很好""我一定能成功"等语句，或者写在纸上，或者找个旷野大声地喊出。这些方法对走出自卑、消除怯懦有一定的作用。

（六）松弛练习法

松弛练习是一种通过练习学会在心理和躯体上放松的方法，常用的有肌肉松弛训练、意念放松训练等松弛练习方法。松弛练习可以帮助人减轻和消除各种不良身心反应，如焦虑，恐惧、紧张、失眠等症状。大学生在遇到心理问题时，可在专业人员的指导下通过松弛练习来解决。

（七）寻求帮助法

当大学生出现长时期的心理困扰时，也应该及时寻求帮助。一个人长期处于心理困扰中，就会陷入一个恶性循环，会让心理困扰变成心理疾病。也有很多人认为心理困扰忍忍就过去了，事实上选择隐忍并不能解决所有的心理困扰，因为某些心理困扰会影响人的社会功能与生活功能，还可能会影响生理健康，引起身心障碍。对于持续一段时间仍无法处理的心理困扰，要适时地向专业的心理咨询机构求助，请求心理干预。

二、科学对待心理异常

异常心理与正常心理之间的差别常常是相对的，两者之间在某些情况下可能有本质的差别，但在更多的情况下又可能只有程度的不同。

（一）心理异常的标准

异常心理的表现受多种因素的影响，诸如生物因素、心理状态、社会环境等，所选取的角度不一样，标准也就不一致了。目前判断异常心理的标准主要有以下几类。

1. 自我评价

如果认为自己有心理问题，这个人的心理当然不会完全正常，但一般不可能存在大问题。心理基本上正常的人，完全可以察觉到自己现在的心理活动和自己以前的差别、自己的心理表现和别人的差别等。

2. 心理测验

心理测验的工具是心理测评量表。通过有代表性的取样、建立常模样本，检测信度、检测效度和方法的标准化等措施编制的测评量表，可以在一定程度上避免专家的主观看法。但是，心理测验也存在误差，目前并不能代替医生的诊断。

3. 病因病理学分类

这种标准最客观，是将心理问题当作躯体疾病一样看待的医学标准。如果一个人身上表现的某种心理现象或行为可以找到病理解剖或病理生理变化的依据，那么此人就被诊断为有精神疾病。这一标准被临床医师们广泛采用，但是诊断范围狭小，对于神经症和人格障碍的诊断无能为力。

4. 外部评价

人的心理活动总是表现在生活的各个方面，如果大家都认为某个人有问题，一般就是正确的。即使身边的人没有看出来，专业人员也可以通过各种表现判断当事人是不是有问题。专家对症状的分析就形成症状学分类标准。

5. 社会适应性

在正常情况下，人体维持着生理、心理的平衡状态，人能依照社会生活的需要适应环境和改造环境。因此，正常人的行为符合社会的准则，能根据社会要求和道德规范行事，亦即其行为符合社会常模，是适应性行为。如果一个人由于器质的或功能的缺陷使得个体能力受损，不能按照社会认可的方式行事，致使其行为后果对本人或社会不适应的时候，则此人被认为心理异常。

（二）判断心理异常的方法

如能尽早发现心理异常，及时进行自我调整或看心理医生，可减少心理疾病的发生。判断一个人是否出现心理异常的标准如下。

1. 学习或工作效率无原因地急剧下降

学习成绩突然下降，学习兴趣消失，不能按时完成作业，千方百计躲避上学；对学习无缘无故地产生抵触情绪，甚至厌恶等。

2. 生活习惯和生活规律突然改变

睡眠障碍，常常在深夜做一些完全可以在白天做的事情，半夜醒后辗转难眠，白天则无精打采等。

3. 饮食习惯发生突变

不该吃饭的时间自己弄东西吃，或有时几顿饭都不吃，有时暴饮暴食，或不加选择地乱吃。

4. 个性发生明显变化

性格上原有的缺点更加突出，如孤僻、多疑、胆小害羞、性情暴躁或多愁善感等；一些原本良好的性格特点也有所改变，如本来活泼的人变得沉默，有礼貌的人变得粗鲁等；出现不合逻辑的错误言行，如短时间内常说错话，或做出毫无道理、毫无益处的错事等。

第四章　大学生的网络心理与辅导

本章为大学生网络心理健康，主要从大学生与互联网、大学生网络行为现状、大学生网络心理问题与调整三个方面来介绍当代大学生应该如何以正确的心态对待互联网。

第一节　大学生与互联网

一、互联网的特征

互联网的特征包括开放性、全球性、虚拟性、身份的不确定性、非中心化、平等性、个性化。

（一）开放性

互联网本质上指的是计算机和计算机之间的互相联通，各种信息能做到多方共享。计算机和计算机之间的联通程度越高，互联网发挥的作用越大，共享的信息越丰富，相应的开放性就越强。这种开放性主要包括以下三点：第一是互联网对广大用户开放，互联网作为一个大众公共系统，对所有用户充分开放，使用互联网的人不分国家、种族、性别、贫穷富有，不分职位和年龄，用户只要具备上网的条件就可以上网，感受网上冲浪的乐趣；第二是互联网对相关服务者开放，互联网容纳海量无限的信息，这些信息来源于各种提供者，没有哪一个国家或者组织能做到垄断互联网信息服务，开放性是互联网的一个非常显著的特点和表现，拥有强大的生命力；第三是互联网对未来的改进开放，对未来改进的开放特点让互联网的相关子网遵循 TCP/IP 协议（传输控制协议 / 网际协议），并呈现出各种体系和风格。互联网可以在不影响整个网络运行的前提下任意更改子网。《互联网简史》一文中提到，互联网缔造者曾明确强调"互联网的关键概念是它单单不为某一种需求设计，是一种包容性非常强、能接受各种不同新需求的基础结构。"①

（二）全球性

网络拓宽了人们的视野，提高了人们的认识，同时也拓展了人们的实践空间。本来一辈子都可能见不到面的人，通过网络成为每天可以互相联系甚至互相见面的网友。因为网络，地球慢慢变成"地球村"，世界各地的人不论国家、性别和年龄，都可以进入其中，成为这个庞大的"电子社区"的成员，任何人都可以利用互联网上开发的软件和资料库，同时不同国家、地区的观念和行为上的冲突、碰撞进行交融变得快捷而简单。除此之外，互联网还把世界各地人民的生活方式、风俗习惯、宗教信仰以及为人处世的价值观全部呈现出来，互联网的广大网友在海量信息中自主选择，不同国家、不同地区、不同种族的人们在各个方面互相借鉴、学习和交往，沟通包容，并达成相应的文化共识。总而言之，互联网以其独特的跨地域性广泛传播各种信息，使得世界各地加紧联系，地球也被形象地称为"地球村"，身处其中的网民都是一个个平等村民。无论广度还是深度，互联网都在无形中延伸、蔓延，突破地域限制，真正实现世界范围内的人类交往，让世界各地的人做到"无限互联"和"无限关涉"。

（三）虚拟性

人们通过相关的数字化方式，连接计算机的各个节点，并综合计算机的三维技术、模拟技术、人机界面技术和传感技术等一系列手段生成逼真的三维感官世界，这个三维感官世界就是网络世界。进入其中的人，身处电子网络空间或一种赛博空间，所处生存环境有别于真实生活的环境。首先，网络关系的虚拟性与实体性对立。人们在网络上交往如同隔着一层面纱，以特定而虚拟的身份和形象沟通交流，而其中的交往活动并不像真实世界的社会活动，不需要以特定的时空位置和现实实体为依托；其次，网络关系中的虚拟性并不同于虚假性，即使网络在部分人的恶意操作下会变得堕落进而呈现虚假性。网络的虚拟世界让人感受到一种区别于现实生活的体验，这种体验的功能效应是真实存在的。需要注意的是，

---

① 佚名. 互联网简史 [J]. 中国经济和信息化，2012（13）：12–13.

网络上所发生的关乎德行的虚假事件与网络的虚拟性无关。

（四）身份的不确定性

现实生活里，网民的社会关系很大程度上体现出"熟人型"的特点，如亲朋好友、同学同事、邻居街坊等，交往活动也大多存在特定的实体和时空位置的限制，并受特定的社会价值观和社会文化制约。然而，在网络世界，计算机方面的专家能够把所有信息还原成简单的数字"0"或数字"1"，网络信息在构成上比较确定，但由于这些信息具有庞杂性、虚拟性和超时空性等特征，网民在网络世界的行为目的、行为意义和自身的情感是无法清晰确定的。网络世界具有开放多元的特点，它让广大网民跨越了时间和空间，但它不能消除世界各地人民在历史文化上的差异。这让人们在网络世界中进行的交往活动变得混沌、多元，网民的关系也因此呈现出明显的不确定性。除此之外，网络世界是一个新颖的信息化世界，身处其中的人更多时候是在"虚拟现实"形式的基础上进行交往，在相应的网络技术支持下，每个网民都是"隐形怪杰"，其身份、行为习惯和特点以及活动目标都被隐藏或暗改，如一个白发苍苍的老太太可以通过发布相关的网络信息让自己成为花季少女，不法分子也可以通过网络来遮掩自身罪行。

（五）非中心化

互联网的发展速度十分惊人，并将社会各行各业、各个部门联系在一起，形成特定而又自由的"网络时空"。互联网由世界多个国家管辖的局域网组成。在科学家们设计 Internet 前身——ARPAnet（阿帕网）时，政府军方明文要求该网络不能存在中心，也不设置可以操控一切信息的中央控制系统，使得其中的信息能够不受约束地自由传播，因此 Internet 呈离散结构，没有绝对中心。除此之外，就地理方面而言，网络覆盖整个地球，没有地区和国界的限制，也没有起点和终点。网民进入由调制解调器和光纤电缆组成的虚拟世界时，就会变成飞速运动的电子化"符号"，在漫无边际的虚拟世界里，这些"符号"表现得十分无力。

网络交往打破了现实世界中人们以自我为中心进行互动的常规。当网民通过网络进入其他人的行动空间，与之交谈讨论，或在网上进行创作和阅读时，其他网民也在做同样的事。互联网让人们在身份地位上变得平等，网民在网络上没有专家和平民之分，也没有明显的读者和作者之分，每个网民都是网络交互的主体。

互联网也通过一定的网络技术消除了"客体"观念，消除了以自我为中心的权威式意志，取而代之的是平等自由的交往，网民之间的关系呈现非中心化。

（六）平等性

作为自发的信息系统，Internet 不属于任何人、任何机构、任何地区和国家，也没有相应的所有者，任何人、任何机构、任何地区和国家都无法完全操控网络，Internet 所有的网民用户都是自己的主人，任何一个网民拥有发言权但没有绝对的发言权，能够充分感受到自由和平等。网民可以根据个人喜好有选择地阅读消息，不受相应的编辑和出版机构的约束，可以自由选择话题，无须考虑太多。总而言之，网络上的海量信息并不专属于某一个人，所有网民都可以使用。互联网平等自由的特点，使得网民的网络意识和网络认识更加平等、思维更加多元，让网民更加适应双向沟通，从而提高对网络信息的创造性。

（七）个性化

网络是世界范围内最大的计算机网络集合地，将世界范围内无数的计算机和网络联系在一起，使之既可以互通各种信息、共享各种资源，又各自分散、各自独立，接受不同的管理，没有哪一个网民拥有比其他人更多的特权，权力、地位、国家、民族等多种概念在网络中失去作用，每个网民都有成为信息中心的可能。网民和网民之间趋向对等，不受等级制度约束，网民的个体意识正逐渐变强。互联网分散、自由、可隐蔽个人的特点是网民生活的表现，包括上网时间、上网地点、上网目的、自身身份和浏览内容等，每个网民在网络上呈现出的内容不尽相同，这为网民的个性发展提供了巨大空间，也提升了网民的创造性。

二、互联网的影响

互联网的发展对人们各方面的影响是十分深刻的。第一，互联网让空间距离变得毫无意义。空间距离曾是人们发展友谊的基础，然而互联网时代下的青少年完全不受时空距离的约束，通过互联网跨越地区和国界，这让移动办公、居家办公成为现实。第二，互联网除了扮演人们工作时所使用的工具的角色，它也是人们娱乐的媒介。互联网具有开放、交互、隐蔽网民信息的特点，其海量的信息内容可以帮助网民在工作之余，让网民进行相关娱乐活动。在网络中，各方面不同的网民可以根据自己的喜好找到相应的内容，和自己喜欢的人成为朋友。互联网扩大了网民的交友范围，增强了网民对网络信息的选择性，让网民的生活习惯互相渗透、影响，世界范围内各个地区、国家、民族的网民也因此在生活习惯上慢慢趋于一致。互联网伴随着电子信息技术的发展，为网民提供大量信息和新颖的通讯方式，这同时也让网民的上网习惯更具不确定性。绝大部分的相关研究人员坚信，互联网的飞速发展正在无形中慢慢改变网民的日常生活。

（一）互联网是一把双刃剑

从历史角度上看，互联网其实是一把双刃剑。作为从事社会活动的工具，互联网让网民能够通过网络方式与亲朋好友沟通，或在网络中与他人组队游戏和聊天，从而增进网民间的沟通，让网民摆脱时空以及其他社会方面的限制。网民可以通过互联网根据个人兴趣主动加入相应群体，找寻更多志同道合的朋友，并产生强烈的归属感，增强自我接纳的能力。

互联网为人类带来了巨大便捷，但它同时也为人类带来了一定的负面影响。网民进行真实社会活动的时间被用于上网，导致真实社会中人与人之间的交集越来越少，相应的心理幸福感也随之降低。

（二）网际人际关系

网络世界中人与人的关系被称作网际关系，是以网络数字信息技术为基础，通过超文本多媒体链接实现人与人或人与计算机的互动进而产生的人际关系。作为易感人群，大学生的生活方式和价值观念受网际关系的影响会发生前所未有的改变。

网际交往空间像是一个巨大的部落，里边有大学、图书馆、娱乐场地、博物馆等设施，当然也有形形色色的人，只要是网民就可以随意进出这个部落。在网际交往空间里，网民不光能搜索和传播相应信息，而且能通过发电子邮件、建立网络虚拟社区等方式进行各方面的人际交往。网络人际交往主要包括以下五个特点。

第一，网际交往角色具有一定的虚拟性。用户只需要随意填写个人信息就可以成为网民，进而在网络世界中参与人际交往。网民身份的虚拟性让网络人际交往双方在心理上没有任何负担，他们甚至会为所欲为。

第二，网际交往中的主体是平等的。设计研发互联网的科学家表示，网络世界是一个平等自由的世界，网络用户在现实世界无论成就有多高，拥有多么巨大的财富，到了网络世界也只是一个普普通通的网民，与其他网民一样，并没有特权。

第三，进行网际交往的人在心理上具有隐秘性。虽然互联网中的人际交往是通过文字传达来实现的，但所传达的文字是经过网民深思熟虑、细心加工过的信息，就算带有真情实感也是经过一定包装产生的。在这种形式的人际交往中，**网民不管耗费多长时间也很难弄懂与自己交往的人的真实想法**。

第四，网际交往具有弱社会性、弱规范性特点。现实社会中，人们在与人产生交际时更倾向于看重身份、职业、容貌、家庭背景等现实因素，而在网际交往中这些因素就不是那么的重要，网际交往也不注重人们现实生活里的社会规范。这种弱社会性、弱规范性的特点使得人们在进行网际交往时会摆脱现实世界中的诸多束缚和约束，放纵自己的各种行为，进而向非人性化的方向发展。

第五，网际交往中人们的动机具有多样性。大学生进行网际交往时更注重与异性进行情感上的交往，异性效应在网际交往中表现得非常明显。很多人就是为了寻找异性才上网聊天、浏览网页信息，一边追寻休闲娱乐的心理享受，一边努力实现寻找伴侣甚至和对方调情的目标。

三、互联网对当代大学生的影响

对于大学生的身心健康而言，网络人际交往是一把双刃剑，有正面效应也有负面效应。

在大学，学生内心渴望交往和被理解的心理快速发展，健康稳定的人际关系是大学生发展健康心理、维持健康个性以及寻求安全的归属感、幸福感的必要保障。大学阶段对于大学生自身的性格人品产生和发展至关重要，在此期间，如果大学生能保持与同学、教师和亲朋好友的关系的良好发展，就会发自内心地感知被理解、被包容的温暖，性格会更健康开朗，心情会更好，兴趣爱好会更加广泛，思维也就更加活跃，久而久之形成优秀健康的性格品质。相对于现实生活，网络世界中的人际关系有所不同，有更多的新特点，有更多的新内容，很大程度地消除了大学生在现实世界中各方面的差异，做到人人平等，而且增强了大学生在道德、自我评价等方面的行为能力，让大学生的个性化特性和主体性得到确认和提升，拓展、延伸，甚至强化了大学生人性中美好的品德结构和伦理气质，促进了大学生的发展。

除此之外，互联网中多层次、全方位的信息改善了人们的群体关系和人际交往关系，丰富了人们交往的方法，扩大了人们交往的空间，从而让人们根据个人喜好主动加入某个网络群体中。每个网民在网络中的身份平等，而且拥有相同的交流权，彼此之间形成的交往关系更为协调。互联网电子信息技术创造出一个相对宽松的交流环境，缓解了人们在真实世界的面对面交流所带来的心理压力，加上网络本身"交互性"的媒体特点，让人们能够以非常高效的速率进行互相交流。

然而，互联网也为人们带来了很多问题，如让人们的道德情感日渐淡漠、不理性的行为举止日渐增多、人格差异化问题日渐严重等。对于交往主体而言，现实中的义务责任感、是非荣辱感在超时空的网络世界完全被弱化，网际交往本身的虚拟性、不确定性、多维度性使上网主体的道德水平发生变化，多元文化和多元价值观念让价值选择成为上网主体的盲点，这些问题都导致涉及网络人际交往的人缺乏道德和价值共识，缺乏情感、理想等心理机制的内在张力。由此可知，网际交往关系包含内在张力贫乏、外在维系空缺的问题，这既是阻碍人际关系在网络中正向发展的缘由，又是人际关系在网络中发展遇到种种阻碍的原因。

对网络人际交往的过度沉溺会影响大学生身心健康的发展。在现实生活中，人与人交往时的表情以及交际人的性格、气质、学识都影响着人们的情感和行为。这是网际交往无法比拟的。在网络世界，人们从早到晚通过个人终端工具在网上与人进行交往，所有的言行举止都被二进制的语言代替，所有情绪状态也仅仅以字符形式在手机或电脑屏幕里传播，人类仿佛以数码化的形式存在（Digital Being）。在"人—机器—人"这种比较封闭的环境中，网民个体在某种意义上失去了和他人交往、接触社会的机会，这种现象很有可能致使人与人之间的距离越发疏远，而网民个体将可能会出现一系列如孤僻冷漠的心理问题。当网民个体通过网络与他人沟通交流时，他们会脱离现实世界，甚至主动断开真实世界的人际交往关系。许多学生在聊天室中广泛结交网友，但在真实生活里，他们对亲戚同学表现得越发冷漠。此外，网民个体在网络世界进行交往时，会产生与机器对话而不是与真人对话的错觉，感受不到对方作为真人所产生的反应，因此他们在网络世界里可能会做出一些在真实世界想做而不敢做的无礼、粗暴的行为举止，抑或是认为网络入侵、盗窃等违法犯罪行为不过只是自己随意敲敲键盘、点点鼠标，因而不会有紧张害怕的犯罪感。

第二节　大学生网络行为现状

随着网络的不断发展进步，网络已经成为人们学习、工作和生活中必不可少的工具，也是人们交流沟通、资源共享的重要平台。随着上网人数的不断增加，大学生已经成为网络用户的重要组成部分。学生可以通过网络学习知识、查阅资料、谈天说地、交流情感以及增加对社会的认知。网络可以开阔我们的视野，激发我们的想象力、创造力，它的影响是积极的。另一方面，任何事物都有它的两面性，网络也是一把双刃剑，网络空间以令人眩晕的色彩不断诱惑着涉世不深的学生，使得部分学生遭遇到一定的迷茫和困境，甚至让一些学生深陷其中，不能自拔，无法面对现实世界与虚拟世界的差异。因此，如何正确认识和使用网络，发挥它的优势，规避它的不足，是大学生必须面对和解决的重要问题。

一、大学生上网行为分析

网络似乎无所不能，大家可以利用网络进行即时聊天、查阅新闻、搜索资料、更新微信朋友圈、QQ 空间和微博等，可以在网上购物、点外卖、订酒店、订车票和上网课等，也可以在网上听音乐、打游戏、看视频、点直播和读小说。我国网民规模超过 10 亿，而大学生基本上是"无人不网"。作为新时代弄潮儿的大学生们，上网已经成为学习生活的重要组成部分。现在的大学生们基本上从小开始接触网络，大部分学生每天上网时间为 2～3 小时，大多数学生都能合理利用网络，借助网络提高学习效率和学习效果。但大学生喜欢尝试新鲜事物、追逐刺激，自我控制力较弱，在享受互联网的极大便利的同时，也容易在身心健康方面受到较大的负面影响。有的学生为了网上交友而身陷囹圄，有的为了网络游戏而欲罢不能，有的为了追电视剧而废寝忘食，有的为了网上购物而负债累累。

大学生对网络的依赖程度较高，上网已经成为一种习惯。现阶段，上网刷朋友圈、看视频、打游戏等娱乐活动占据了大学生们很多时间，影响了一些学生正常的学习生活。有的学生逃课上网，有的因玩游戏荒废学业，甚至有些学生沉迷网络，患了网络上瘾症。一些学生说："一般情况下，一有时间我就去上网，在上课的时候，有时我也控制不住地想上网。"确实，作者问过一些学生，问他们上网的时候都干些什么，其中有很多人的回答都是"搜信息、查资料"，但当笔者进一步询问他们怎么才能搜集想要的资料、查资料需要浏览的网站有哪些特色和栏目等相关问题时，大部分人都满脸茫然，不知如何回答。通过这些现象我们可以看出，部分学生在上网时把大量的时间和精力放在网络交友和休闲娱乐上，并没有把互联网当作学习知识、开拓自身视野、增长自身才干的工具。虽然这不算沉溺其中，但从大学生上网所用的时间和方式上来看，我们可以发现，大学生无论在教室还是在宿舍，都会花大量时间上网，如此一来必将压缩学习时间，存在沉迷其中的风险。总体来说，大多数大学生都能做到好好把握上网时间，沉溺网络的大学生为数不多。

二、大学生对网络的使用现状

因独特的魅力，网络深受广大大学生的关注和喜爱。大学生使用网络的时间比较长、频率比较高，易受网络上各种思想和观念的干扰影响。然而，大学生因缺乏网络安全意识而上当受骗、误入歧途的现象时常发生。

（一）事实分辨能力不强

大学阶段的学生，其价值观、世界观和人生观等观念都处在萌芽时期，网络世界纷繁杂乱的信息会使大学生的价值取向出现偏差，降低其分辨是非的能力。很多大学生不具有较为成熟的判断能力，面对各种信息时的分辨能力较差，在网络世界容易受到负面信息的影响和不良分子的蛊惑。

从前，大学生所能接触到的信息主要来源于家长和学校老师，家长和老师把信息中的不良成分过滤摘除，将剩下的信息灌输给大学生。而在当今社会，各种信息通过网络的各种传播路径完整地呈现出来，即便有杀毒软件、防火墙等高科技技术，也无法完全净化所有信息中的有害部分。而大学生缺乏分辨能力，如拜金主义、享乐主义和极端的个人主义等负面信息会影响大学生的身心健康。一般情况下，大学生都是独自上网，主动接受网络信息，没有相应的监管和参考，又缺乏分辨能力，其价值取向很容易受到负面影响。这些信息甚至会让大学生在日常生活中进行道德选择时出现迷茫甚至价值观紊乱的现象。

（二）价值判断能力不强

互联网为人类带来思想上的开放以及信息量的增加，同时也带来多元的文化、价值观和道德意识，这给传统价值观念带来了挑战，人们对道德和价值也产生了一定程度的改观。

未来学家阿尔文·托夫勒在《权力的转移》中提出，世界已经离开了依靠暴力和金钱统治的时代，未来世界的魔方将控制在拥有信息强权的人手中，他们会使用手中掌握的网络控制权、信息发布权，利用英语这种强大的文化语言优势，达到暴力、金钱无法征服的目的。在大学阶段，大学生的价值观还未完全成形，没有相对成熟的分辨能力和坚定的信念，很容易受互联网上不良思想和论调的误导，致使其民族观念和爱国主义思想因此受到冲击、扭曲而变得淡薄，从而降低价值判断能力。面对复杂多元的价值选择，大学生的信仰和信念非常容易发生动摇，他们非常容易被带偏而走弯路、错路。

（三）网络安全意识不强

在网络安全方面，大学生意识不强，容易受到网络安全威胁或被网络侵害。人做任何事都有动机，而动机的主要来源是外界的物质刺激和内心的精神需要。如果只单单想如何在互联网中获取信息资源而不去想如何保护个人有关的信息，那么大学生在使用网络时就不会保护个人信息，也不会在思想上认识到网络安全的重要性和必要性。大学生是未来社会发展的智力担当，其所需的网络安全意识是保护网络安全的第一关。

部分大学生的私人电脑没有设定开机密码；大多数大学生并不会注意网络信息安全，在网上发布自己的个人照片和其他真实信息；还有一部分学生习惯将自己的生日或其他简易数字组合起来用作自己的网络通信工具的密码，甚至可能通过互联网发送相关的银行账号和密码。以上种种现象都使大学生容易成为网络事件的受害者。

（四）网络自控能力较弱

自我控制指调整并控制自我行为和心理。自我调控能力指运用各种手段方法，应对日常生活的各个方面进而达到把控自我的目的。大学生在日常生活中要学会正确把控自己，拥有良好的心态，这对大学生个人的身心健康和学校的和谐发展都有好处。然而，我们注意到在实际生活中，一些学生的自我调控能力不够强，主要表现为性格暴躁、意志不坚定、认知相对偏颇、心胸比较狭窄等。网络对大学生自我把控能力的影响包括两个方面。

1. 沉迷于虚拟交友中

得益于大学时期宽松的学习环境和相对缓慢的生活节奏，大学生的自主空间较大，而互联网的虚拟特性又为他们提供了逃避社会现实中的诸多压力的去处。因此，部分大学生沉溺在网络空间和网络游戏世界无法自拔，导致自己的身心健康受到损害。刚刚结束高考的大学生，无论在学习过程中还是在生活中，都十分渴望自由，开放而又虚拟的互联网平台能够让大学生摆脱真实世界中的各种约束和监督，让他们获得内心向往的"自由"，所以网络就成为大学生实现"自由"的乐土。很多大学生将网络安排在课余时间，互联网世界里有和他们志同道合的好朋友，有他们的社交人脉圈子，他们在网络世界任意获取资源、发布信息，互联网无形中已经成为很多大学生的重要精神乐园。除此之外，对于大学生来说，互联网开放的、虚拟的环境，以及各种不良信息，如暴力、色情信息等的诱惑力相当大，这让他们在不知不觉中沉溺其中，其对世界的认识也慢慢发生扭曲。

2. 沉溺于网络游戏中

"传奇""英雄联盟""王者荣耀"等字词对于很多大学生而言充满魔力，这是因为这些都是大学生喜爱和追捧的网络电子游戏。英姿飒爽、身形魁梧的战士手持宝剑，伴随此起彼伏的喊杀声在荒漠或草原上肆意驰骋，砍杀各种怪物，这是网络电子游戏里比较常见的场面，丰富的剧情设定以及绚丽夺目的色彩特效，对大学生有极大的诱惑力。大学生可以在网络世界得到在现实生活中得不到的满足，尤其是有关武侠、战争等距离现实生活较远的事物，在互联网世界都可以通过角色扮演来满足。一些大学生会将玩游戏时的心态带进日常生活里，甚至发生打架斗殴等影响大学生正常生活秩序的恶劣事件。

第三节　大学生网络心理问题与调整

互联网对大学生的认知、情感、人际交往都会产生重大的影响。网络拓宽了大学生的信息来源渠道，拓宽了学生的视野，增加了信息量，缩短了收集信息的时间，提高了信息汇集的效率，为大学生提供了更多自我学习的途径，为其自我发展创造了更多的条件。

一、大学生常见的网络心理问题

网络信息为人们的认知方式、思维方式、价值观念提供了更多的可能性。同时，网络也可能引起人们的认知冲突，特别是对于自制力差、判断能力不足的大学生而言，他们不懂筛选，一些错误的观点和信息可能会影响他们的认知能力，改变思想观点，弱化理想信念，引起认知的冲突。网络的开放性和平等性使许多大学生热衷于网络人际交往，网络世界成为其首选的"避难所"，使其暂时忘记现实生活中的挫折与困难，然而再次回到现实，需要解决的问题仍然没有得到解决，这会让他们更想去逃避，加深对网络的依赖，形成恶性循环。在大学青年男女中，常见的网络心理问题包含以下三种。

（一）网络成瘾

网络成瘾指的是在无成瘾因素作用时上网所发生的行为失控，如对网络操作时间难以掌控，因在网络世界中沉迷而导致社会心理功能明显受损等。

1. 网络成瘾的类型和表现

结合目前的绝大多数研究成果，我们可将大学生网络成瘾的类型总结归纳为以下五种。

① 对网络游戏成瘾。最近几年，网络游戏的功能、种类和各方面设计都得到了空前发展，大学生已然把网络游戏当成课余时间的首选，无论在宿舍还是在网吧，大学生在网络游戏上花费大量的金钱、时间和精力，丧失了相应的自我把控能力，难以做到对学习和游戏的合理化平衡。

② 对网络色情成瘾。对网络色情成瘾指大学生在上网时更偏向去关注色情图像、影片和音乐，这类大学生色情成瘾，常常沉溺在相关的色情作品中。

③ 对网络交际成瘾。通过聊天室、QQ 等工具，大学生实现在网上的人际交流，

建立各种关系甚至找到爱情。对互联网聊天工具的成瘾让大学生把更多精力和时间投入到网际交往中，并且认为网上的朋友比现实中的朋友更重要。

④ 对网络信息成瘾。对网络信息成瘾，指不由自主地在互联网上搜集并不急需、并不重要的信息。有这种习惯的大学生往往浪费大量时间、精力去互联网浏览并搜集各种信息，类似被强迫的心理使其工作效率大大降低。

⑤ 其他形式的强迫性行为。该类成瘾者主动将大量的时间、金钱和精力浪费在网络世界中的聊天、购物甚至网络赌博等活动上，或者使用某些无任何价值的软件，自己明明知道没有必要这么做，但自己控制不住自己，其学习任务往往因此而被忽略，人际关系往往也被影响。

2. 网络成瘾的界定

陶然教授团队总结出了网络成瘾的九条诊断标准。

① 对使用网络的渴求。

② 减少或停止使用后的戒断。

③ 耐受性增强，也就是网瘾越来越大，需要不断增加上网时间才能达到同样的满足程度。

④ 对网络的使用难以控制。

⑤ 不顾危害性后果。

⑥ 放弃其他活动。

⑦ 逃避问题或缓解不良情绪。

⑧ 诊断须具备（1）、（2）两条核心症状及后5条附加症状中的任意1条。

⑨ 病程标准为平均每天非工作、学习日连续上网 ≥ 6 小时，符合症状标准 ≥ 3 个月。

3. 网络成瘾的原因

① 网络自身的诱惑。首先，计算机和网络是人类创造的最新"玩具"，而且更新换代的速度非常快，具有很大的可操作性，能满足人们的控制欲。计算机提供了一个前所未有的机会给普通消费者，让他们有机会充分发挥自己的主观能动性，而不是作为一个被动的接受者和使用者。也就是说，计算机和网络的某些特性具有成瘾性。

其次，计算机网络交流与现实生活的面对面交流相比较，存在许多不同的特点，包括其语言特点、匿名性、多对多、即时性、范围广、自由度高等，这些特点使得有些人可以随心所欲地变换和塑造自己的品质和人格特点，具有很大的吸引力，很容易使人上瘾。

再次，网络游戏对大学生的诱惑非常大。网络游戏以其在互动性、真实性等方面都超越其他游戏的高水准数字化音像享受特点，让身处其中的人进行分工并饰演不同角色，很多大学生用户会沉迷在其中的虚拟情感中。部分在现实社会里外貌不佳、胆小、自卑的大学生，在网络游戏世界可以化身可爱的白雪公主或快意恩仇的大侠。

最后，网络还是其他成瘾性行为的一个中介媒体。例如，网络可以很容易地成为赌博、游戏、性、暴力的便利媒体，并且在网络上也确实有许多这类信息和渠道。

② 有关网络安全的法律法规不健全。在广大网民中，青少年所占比重很大。我国虽然已经实施《互联网上网服务营业场所管理条例》，但对很多地方的网络管理仍然存在漏洞，很多地区并没有执行这项条例。

③ 家庭背景的影响。很多家长仅仅在物质上满足了孩子，却对他们的心理问题毫不关心，缺乏对孩子相关方面的教育，这让很多青少年通过上网来发泄情绪。家长对自家孩子的态度和教育影响了孩子在网络方面的成瘾性。

④ 互联网用户自身的各种因素。根据国内外相关调查结果，性格内向孤僻、容易产生敏感情绪、在交际上表现困难的人更容易对互联网成瘾。相比较无法自我实现的现实世界，他们更愿意在互联网世界中寻找自我发挥的空间。此外，很多人视网络世界为自己逃避现实的港湾，当在现实生活中发生家庭不和或者遇到不顺心、不痛快的事时，他们更倾向于上网发泄。

⑤ 互联网本身的内在因素。从某种意义上看，一个人对网络成瘾和酗酒、对毒品成瘾没有太大区别。相关研究调查显示，人类大脑中的"内啡肽"会伴随上网时间的延长而增加，"内啡肽"会使人短时间内高度兴奋，让人沉溺网络无法自拔，但在上网结束后，人脑中的"内啡肽"会渐渐消散，上网者会出现比自己上网之前更加颓废和沮丧的感觉。

（二）网络情感依赖

1. 大学生网恋

网聊、网恋、网婚是大学生在网络活动中最感兴趣的主题，甚至成了高校的时尚，有的大学生甚至有很多网恋的对象。许多大学生在生活中性格内向、不善言语、情感表达方式不当，常常会把现实中的感情转移到网络世界。在这里，他们能自由地表达自己的情绪和情感，从中得到安慰、关爱、自尊等，但是长时间对网络的依恋，往往会导致大学生情感的变化。由于网络本身具有特殊性，大学生网恋除了普通恋爱产生的一些原因以外，主要还有以下几个方面的原因。

① 感情表露和角色错位。正值青春期的大学生，具有较强的人与人交往的需求和愿望，他们期待友情和关爱，有与同龄人交往的心理需求。匿名性是网络最突出的特色之一，人们可以隐瞒自己的真实姓名、性别、身份、外貌、学历、所在地等标志性信息。在网恋中，网络在缩短彼此空间距离的同时，也在缩短着彼此心灵的距离。在网络上还可以根据自己的喜好扮演一个满意的角色，现实生活中的缺憾也可以通过网络制造出来的虚拟来弥补，即使性格内向、胆小、不善交流的大学生在网络中也能找到自信。

② 同龄男女的从众心理过强。通常情况下，同年龄段的男女在行为上的从众心理在互联网世界也有相应体现。绝大部分曾网恋过的大学生的同学朋友中，有很多人也有过网恋经历。以人际交往互动角度看，家庭环境、兴趣喜好、思想认识等方面比较接近的同龄人，在人际交往关系中最容易互相影响。

③ 缓解现实生活中的压力。对于大学生恋爱，很多大学高校都秉持"不提倡、不反对"的中立态度，但在大学生眼里，来自家长和学校的压力阻碍了他们之间的恋爱。因具有较强的隐蔽性，不易被家长和学校发现，网络恋爱非常受大学生喜爱和拥戴，被他们当作宣泄情感的重要途径。另外，有很多学生怀揣浪漫情结，通过新奇而又浪漫的互联网来让大学生活充满快乐和轻松。有些大学生则认为，互联网没有现实生活中的局限性，网恋比现实生活中的恋爱更加生动、精彩，更具迅速和直接的特点。

2. 大学生网络情感异化

长时间接触网络会导致大学生情感的异化。网络虽然可以促进大学生的认知、情感、人格等心理和行为互动，但它与现实中直接面对面交流是不一样的。青年时期是个体获得社会认同感的关键期，他们的喜怒哀乐是在其完成社会化的过程中必然会发生的，而实现这个过程，必备环节是将自己置身于现实的人际互动中。但是在以计算机为终端的网络中，由于匿名性而隐藏的身份，使他们在充分表达自己的同时，也离现实社会越来越远，离现实的情感需求越来越远了。

（三）网络行为犯罪

1. 网上破坏行为

当前，网络已成为人们生活中不可缺少的一部分。人们在享受网上冲浪，利用网络带来的各种便利的同时，也会受到大量的不文明行为及犯罪行为的骚扰。例如，肆意的辱骂和人身攻击、恶意的灌水和刷屏、大量的垃圾邮件、网络黑客攻击、传播网络病毒等。

2. 网络色情行为

网络信息技术日渐发展，在不法利益的驱动下，互联网色情内容不断增加，其出现的形式也变得更加纷繁复杂。现如今，不法分子利用色情文字、色情图片和色情影像，通过相关网站、博客和网络社区来提高用户点击率。世界范围内的网络中的相关色情网站的数量以每天 200～300 个的速度增加，数量总计已经超过 70 万个，让人始料未及。大学生接触社会的机会比较少，对信息的分辨能力和自我把控能力还比较弱，这使他们容易成为网络色情最大的受害者。大学生主要通过网络色情图片和电影影视、网络色情服务、网络色情文学、网络色情短信和交流等方式接触网络色情。对于网络色情，大学生要提高警惕性，防止遭受网络不良信息的误导和损害，要以正确健康的心态去面对。

二、大学生网络心理问题解决对策

（一）正确的网络认知

互联网的出现与发展宣告高速信息时代的到来。互联网在真正意义上拓宽了人际交往的交往空间，消除了世界各地网民沟通交流的地理障碍，深刻改变了人与人和人与社会之间的关系，使全人类进入一个全新时代，实现了人们居家办公，通过互联网进行学习、购物和经济交流等愿望，深刻影响着人们的生活。然而，网络自问世以来，始终是一把双刃剑。互联网世界既充满着自由和欢乐，又具有一定的诱惑性，还存在着其他危险。互联网对于大学生而言，应该仅仅是工具，是一种不可缺少的财富，破坏互联网、滥用互联网会影响社会正常秩序，危及每一个人。大学生应该始终明白一点：互联网世界并非真实世界，网络上的成功与真实世界的成功并不能画等号，虚拟化的情感宣泄和情感满足只是短暂的，网络不仅能带来"鲜花美酒"，也会带来不可估量的恶果。部分沉溺于网络世界的大学生，其记忆力随上网时间的延长而日渐下降，同时也逐渐厌烦学习，甚至会逃课上网，不关心身边的任何事，进取意识逐渐下降，与同学间的关系也会变得紧张。除此之外，故意夸大网络功能，将网络作为解决所有问题的答案，或者因网络让人迷失、欺骗他人、造成社会秩序的紊乱而对网络全盘否定的做法也都是不对的。大学生要树立对网络的正确认识，合理运用网络资源，提高自我把控能力，认清真实的内心需要，学会妥善处理网络世界和真实世界之间的关系，防止自身的心理健康出现问题。

（二）自律和自我管理

自律包含两个方面：第一，自律代表理性和自由，讲究道德觉悟和人格尊严，并不取决于内在本能以及外在必然；第二，自律代表自我约束和自我把控。一个人只有做到自律才能充分培养自我把控能力，养成"慎独"的习惯，进而维护自身的自尊和独立自主。互联网世界包含着海量的信息，也充斥着各种文化和价值理念，当然也有各种论断和诱惑，既充满自由又缺少相应的外在约束。当面对互联网的虚实难辨、纷繁复杂时，大学生会因分辨能力弱、自我管理能力差而产生各种网络心理问题。

此外，大学生沉溺互联网本质上是对现实生活的逃避退缩以及对社会责任感弱化的表现，这并不能有效解决大学生在现实世界中所面对的问题，反而会让他们更加迷失、更加丧失生活重心、更加无法解决在人际交往沟通上的障碍，并且存在使他们做出反社会的非理性行为的可能，如"网恋""网婚"等。互联网世界中的缘分不讲究承诺，没有约束，大学生心中风花雪月的愿望可以在这里得到实现。但是，大学生希望将互联网世界虚拟的恋爱快感转接到现实世界，但这种想法极易破碎，大学生又重新回到互联网，如此恶性循环，让大学生的内心更加空虚，在对待现实的交往情感上更加淡漠失落，进而加重心理上的脆弱。曾有相关报道，有一位大学生，因其"网络妻子"突然掉线而心情焦虑、废寝忘食，在五天四夜后不顾同学的劝阻和老师的教导，独自一人偷偷去另外一个地方寻找自己的"网络妻子"。

现代社会，很多人难以感受到他律的影响力，而自律就显得尤为重要。不懂得自律的人往往不会自尊自重，也不能获得自由、实现自我价值。大学生要保持正常的作息规律，合理安排生活和工作以及上网时间。此外，要勇敢地面对现实和人生，多参加有益于身心健康的社会活动，摆脱对互联网的依赖沉迷。

（三）构建团体进行心理辅导

团体心理辅导指的是心理辅导者借助团体的力量和心理辅导理论与技术，与团体成员共同解决他们的心理问题，为他们提供行为训练的机会和心理帮助，指导团体成员自助，通过这些方法解决团体成员共有的心理问题和发展问题，改善团体成员的行为和人格。

团体心理辅导要求治疗团体构建群体环境，将心理障碍者放入其中。心理障碍者在心理辅导团体中会发现有的团体成员和自己一样，有类似的心理问题，甚至比自己更严重，这种现象可以缓解心理障碍者的心理焦虑和担忧，同病相怜的现状会增强心理障碍者的认同感和归属感，让他们在心理上感受到一定的社会支持，其从众行为会因此增多，群体归属感也会相应增强。在团体辅导过程中，拥有相同或相似心理障碍的人可以提供更多有关个人价值、解决方法和人格形成的观点，并一起分享团体资源。此外，在团体心理辅导过程中，求询者在群体氛围和压力下会在情绪、态度和行为意向上相互感染，彼此模仿和监督，这有利于网络心理障碍者坚持行为方面的改善和健康心态的稳固。更值得注意的是，心理辅导团体是一个"微型社会"，为网络心理障碍者提供了进行交往训练的场所和机会。在此基础上，辅导老师可以通过对网络心理障碍者的相应训练指导强化自己的教学理论和技巧，也可以辨别出网络心理障碍者之间相同或相似的心理方面、情感方面和行为方面的问题，从而让网络心理障碍者带着正确的行为态度和稳定的心态面对生活。

（四）改善相应网络环境

伴随着互联网电子信息技术的发展更新，互联网环境正逐渐成为人类生存和发展不可或缺的重要组成部分，人们在日常生活中会越来越依赖互联网。健康向上的网络环境可以改变人甚至改造人，为人们提供崭新的学习与交流平台；恶劣的网络环境则会对人们的人格和身心健康造成伤害。出于保护大学生网络身心健康的目的，社会、高校等多方要重点关注大学生的成长环境，净化其上网时的网络环境，为大学生的成长发展提供良好的平台。

第一，要过滤、净化网络相关信息，加快网络电子信息技术的研究。要有效管理网络信息，运用技术手段净化网络信息。控制网络信息的关键在于过滤信息、选择信息，从技术层面防止大学生受到来自网络的非法侵害，保证大学生的身心健康。除此之外，要建立相应的网络监督机制，在网络世界加入道德监督和法律约束，健全相关的法律法规，严惩违规者。

第二，表明积极宣传组织针对传统文化和先进文化网上活动的态度，优化互联网环境。全球化趋势不可逆转，东西方文化伴随互联网的发展而全方位地进行碰撞、冲突、交流、融合与吸收，这会使大学生原有的价值观发生改变，产生心理矛盾和认知偏差。而中国改革开放的脚步仍在继续，要与世界进行文化、精神、经济、物质等方面的双向交流，用先进、开明的思想和文化教育广大大学生网民，从而保证大学生的健康成长。

第三，要适应互联网的时代特点，改善大学高校的教育和管理。高校教育和管理的重点工作是培养大学生面对是非对错的鉴别能力，要积极举办各种相关的互联网活动，让大学生自己随身装备"网络心理健康防火墙"，主动维护自身的身心健康。除此之外，高校应主动帮助大学生建立相关团体，满足他们内心被接纳、被关爱和有归属的心理需求。高校还应制定《大学生上网行为规范》和《大学生上网违规处罚条例》，加强大学生的网络责任意识，同时也加强相关法律规章制度的宣传教育，对违规大学生要严厉处罚。

第四，要积极开展网络心理咨询。开展网络心理咨询包括以下两点：首先，利用互联网传播面广、保密性好、网络快捷的特点优势，组织网上心理咨询，如开设在线心理咨询、创办心理咨询网站、开设网络行为指导课程等；其次，抓住大学生上网时的上网心理、网络行为以及上网时所表现的心理特征、心理障碍等问题进行研究，比较其在虚拟世界和现实世界中人际关系方面的不同，设计一套有效可行的网络心理障碍咨询操作方案。

第五章　大学生的学习心理与辅导

在学习过程中，人的全部心理活动都会积极地参与到学习中去，因此大学生在努力学习心理学之后就可以按照学习的规律进行学习，在科学的学习策略的指导下，有效地解决自己在学习中遇到的问题，最终提高自身的学习效率。本章主要介绍了大学生学习心理基础知识、大学生常见的学习心理障碍及调试、大学生创造力的发展与创造性的学习三个方面。

第一节　大学生学习心理基础知识

一、学习的含义

"学习"一词在日常生活中使用频繁，"好好学习，天天向上""学习型人才""学习做人"等等，这些都是"学习"一词的惯常用法。通常意义上，学习仅限于知识、技能的学习，比如学生上课、职工职业技能培训，而心理学意义上的"学习"是什么？陈琦、刘儒德等人给出了以下定义：学习是个体（人或动物）在特定情境下由于练习或反复经验而产生的行为或行为潜能的相对持久的变化。这一学习概念涵盖了以下四个方面的内容。

第一，学习是一个广义的概念，不仅人类能学习，动物也存在学习行为。

第二，学习的发生是由于经验所引起的。这里的"经验"不是我们通常所说的总结出来的经验，而是指"经历"，是个体通过某种活动来获得经验的过程，是个体与外界信息的相互作用的过程，即后天习得。

第三，主体身上必须发生某种变化。这种变化有时"立竿见影"，立即见诸行为；也可能"盘马弯弓"，引起的只是内部心理结构的改变，需要很长时间才能见诸行为，即行为潜能的变化。

第四，这种变化是相对持久的，并不是所有行为变化都意味着学习的发生，有些行为的变化是暂时的，如疲劳、适应等引起的变化都不能称之为学习。

二、学习与脑

（一）学习的关键期假说

大脑发展有一定的关键期。关键期是指大脑发展的一个时期，脑对某种类型的信息输入产生反应，以创造和巩固神经网络，与此相应地，儿童的某种能力容易培养和形成，过了这个时期就难以形成。对不同的人来说，脑的不同功能发展的关键期也并不完全一致，存在着一定的个体差异，在脑的不同发展上有着不平衡性。传统观点认为，关键期一旦结束，脑发育也会戛然而止，但事实证明并非如此，即使过了关键期，学习对脑的塑造作用还在继续着。只是错过了关键期之后，个体的学习要更加困难，需要花费更多的时间和精力。因此，现在人们更愿意以"敏感期"来代替"关键期"的说法，以突出关键期的相对性。

（二）脑的特异化与学习

脑扫描技术为我们解释了脑的不同区域是如何工作并对特定的任务进行加工的，如听觉皮层对外部声音加工、额叶对认知活动加工、左半球的部分区域对语言的加工。这种不同脑区执行的特定的功能被称为特异化。研究显示，大多数人都有优势大脑半球，这种大脑半球优势将影响人格、能力和学习风格。因此，了解自己的脑功能单侧优势的个别差异就非常重要，有些学生学习困难就是由这方面原因引起的。

（三）学习与脑的可塑性

大脑的逐渐成熟是一个人的遗传特征与外部经验交互作用的结果，也就是基因与环境交互的结果，服从"用进废退"原则。大脑的可塑性是指大脑的结构和功能因受学习、训练以及各种经验等因素的影响而出现动态的修复或重组。

（四）基于脑的学习

基于脑的学习强调学习应当遵从脑的活动规律，促进脑的发展。为了实现基于脑的学习，在学习中应该保证充足的睡眠、丰富的营养与运动锻炼，在心理上激活先前经验，主动利用学习策略。

三、学习的分类

学习现象是十分复杂的，既涉及学习者的内部过程，又涉及外部影响；既有内容问题，又有形式问题。学习理论家从不同角度对学习进行分类，简单介绍以下三种分类：

（一）学习主体分类

① 动物学习。动物的学习仅限于消极适应环境变化，主要是为了满足生理需要，靠直接经验获得。

② 人类学习。人类学习具有社会性，是积极主动地学习，以语言为中介，不仅掌握具体经验，而且能掌握社会历史经验、抽象概括经验等。

③ 机器学习。其是人工智能领域的重要分支，是借助于计算机科学和技术原理模拟或实现人类的学习行为，例如，阿尔法围棋就是机器学习的典型例子。

（二）学习结果分类

① 言语信息学习，指有关事物的名称、时间、地点、定义以及特征等方面的事实性信息。

② 智力技能的学习，指个体运用符号或概念与环境交互作用的能力。

③ 认知策略的学习，指个体调控自己的注意、学习、记忆和思维等内部心理过程的技能。

④ 态度的学习，指影响个体对人、事和物采取行动的内部状态。

⑤ 动作技能的学习，指个体通过身体动作的质量不断改善而形成的整体动作模式。

（三）学习性质与形式分类

① 接受学习：将他人的经验变成自己的经验，所学内容是以某种定论或确定的形式通过传授者传授的，无须自己去独立发现。学生将传授者呈现的材料加以内化和组织。

② 发现学习：学生自己独立发现、创造经验的过程。

③ 有意义学习：学生利用原有的经验来进行新的学习、理解新的信息。

④ 机械学习：在缺乏某种先前经验的情况下，靠死记硬背进行学习。

四、大学学习的价值

（一）学会生存

通过学习获得生存的技能和平台是大学学习的重要方面。对于大学生来说，通过大学学习获得一技之长是学习的重要目的，只有这样才能有尊严地在社会上谋得一席之地。无论是为了自己还是为了家庭，我们都需要通过学习来不断提升自己的"价值"。市场会给每个人的能力定一个"价格"，每个人都希望这个"价格"足够高，而在同等稀缺的情况下，这个"价格"取决于知识能力的高低，而提升这些能力的一个重要的、可控的、有效的方式正是学习。

（二）拥有选择

只有在生存的基础上人们才有了选择生活的自由。有一句歌词是这样写的：生活不止眼前的苟且，还有诗和远方的田野。很多人的内心是非常认同的，但是如果缺乏生存和发展的能力，现实就要残酷得多。哈佛大学穆来纳森教授在《稀缺：我们是如何陷入贫穷和忙碌的》一书中指出，处在贫穷之中，仅仅为了生存就已经筋疲力尽，根本没有精力、没有时间、没有金钱去体验"诗和远方"。台湾作家龙应台在给她儿子的家书《我为什么要求你用功读书》中语重心长地说道："孩子，我要求你读书用功，不是因为我要你跟别人比成绩，而是希望你将来会拥有选择的权利，选择有意义、有时间的工作，而不是被迫谋生；当你的工作在你心中有意义，你就有成就感。当你的工作给你时间，不剥夺你的生活，你就有尊严；成就感和尊严，给你快乐"。可以说，学习为我们提供了更加丰富、充实的工作和生活的可能性，而这种丰富性和多样性的生命体验是每个人的内心都渴望的。

（三）提升修养

子曰："由也！女闻六言六蔽矣乎？"对曰："未也。""居，吾语女。好仁不好学，其蔽也愚；好知不好学，其蔽也荡；好信不好学，其蔽也贼；好直不好学，其蔽也绞；好勇不好学，其蔽也乱；好刚不好学，其蔽也狂。"[1] 孔子告诉弟子，从个人修养的角度来说，如果不善于学习，六种美德就会变成六种缺陷。

可以说，每个人的人格中都会存在一些不足的地方。通过学习能够不断完善自我，这个过程不仅有利于我们更好地适应环境、更好地热爱工作，还给我们带来了深刻的幸福感。

（四）学会学习

可能大学里的很多课程看起来并不能直接帮助我们找一份高薪的工作，所以有些同学会觉得这些课程好像是没有价值或者没有意义的。但是从某种角度来看，这些课程的学习，不仅仅是为了掌握课程的内容，更重要的是在长期的学习过程中，帮助我们建立一个知识框架，掌握一套行之有效的学习方法，养成一种凡事认真对待的态度。在以后的工作中，遇到任何未知的知识和技能，我们都可以在之前累积起来的知识框架、学习方法和处世态度的基础上迅速地、高质量地学会，这是大学学习的意义所在。很多用人单位对大学生成绩的重视也是基于这样的考虑：成绩的优秀与否意味着其是否学得更快、学得更好，能够迅速学会处理很多问题。大学正是一个让我们学会如何学习的最佳平台。

（五）发挥潜能

人本主义心理学的需求层次理论中指出，每个人都有自我实现的需要。我们每个人都希望能够在生活中充分发挥出自己的能力。社会学也提出了"心流"的概念，所谓"心流"指的是人们在从事某种活动时全身心投入其中会获得一种非常好的生命体验。类似的，在大学的学习中，当一个人能够全身心投入学习的时候，他就会感到过得很"充实"。相反，如果这个人总是无所事事，自己的潜能在大学的学习生活中总是处于压抑状态，他就会体验到一种"空虚"感。而那些能够在学习中充分发挥潜能的同学，不仅在内心体验上经常处于充实、快乐的状态中，还会获得更好的成绩和较高的社会成就。

在大学里，我们有着充足的时间、良好的学习氛围、充沛的精力和相对较小的生活压力，一旦错过以后将很难再遇到这么好的机会，希望同学们能够深刻理

---

① （春秋）孔子著；杨伯峻，杨逢彬注译；杨柳岸导读.论语 [M].长沙：岳麓书社，2018.05.

解学习的价值，好好把握这个机会，充分发挥自身的潜能。

五、大学生学习是什么样的

大学生入学后，面临学习上的两次较大转折。一次是从中学被动学习到大学主动学习的转折，另一次是从低年级基础理论学习到高年级专业学习的转折，大学生在逐步适应上述转折的过程中，学习意识基本成熟，学习动机向深层次发展，学习自我评定能力日益增强。具体来讲，学生在这一阶段的学习具有以下特征。

（一）学习的自主性

大学生学习过程中，教师主要起指导者、促进者、信息源的作用，更多的是要求大学生抛却初、高中的机械接受学习的模式，而转为自主的、探索的、发现的学习。

（二）学习的专业性

大学生入学前就确定了自己的专业或方向，因此大学的学习有很强的专业针对性，专业基础和专业实训在大学学习中占较大比重。因此，大学生的学习相较于初、高中的学习极具专业性。

（三）学习的广泛性

大学生学习是全面的、广泛的，需要处理好知识、能力、素质学习的关系，还要处理好文化基础和专业知识的关系，更重要的是处理德与才的关系。

（四）学习的职业性

大学毕业，多数学生面临就业，因此大学学习是具有职业性的，在校期间的学习要为将来走上工作岗位做准备。

（五）学习的创造性

知识创新、意识创新、人才创新是创新体系的关键部分，大学生与国家创新体系紧密相关。国家社会要求大学生必须具有创新能力，同时大学生的自身条件和大学的教育条件奠定了创新学习的基础。因此，大学生的学习不仅要使自己掌握知识，更重要的是要使自己增长能力，包括思维能力、表达能力，尤其是创新能力。

六、大学生学习的特点

大学生作为一个特殊的群体，其学习是在特定的条件下进行的有组织、有计划、有目的的活动。与一般人的学习相比，大学生的学习有其自身的特点。

（一）既定的学习内容

在大学里，不同专业有不同的要求，大学生选择好专业就意味着确定好了大学期间所要学习的专业知识，并不能根据自己的喜好随意选择。若对其他学科有浓厚的兴趣，大学生可通过选修课、在线课程等方式学习。

（二）集中的学习时间

大学生的学习主要是在校学习，时间相对比较集中，有教师指导，以系统掌握知识和经验为主。这样就保证了大学生的学习有周密的计划、科学的组织、严格的程序。

（三）可控的学习过程

任何教学都必须符合受教育者的身心发展规律。大学生的学习也是一样。大学生的学习过程既受既定学习目标的制约，又受教师指导的限制，并在很大程度上由教师教授的程序所决定。

（四）战略性的学习目标

中学的学习更多是基础性的，而大学的学习则更加专业，更具有针对性，而且涉及大学毕业后所从事的职业，从这个角度来讲，大学学习更具有战略意义。大学生不仅要将书本上的知识吃准、吃透，还要掌握具体的技能，为将来走向社会、服务社会做准备，要更了解时代的要求，能够适应社会发展，参与世界竞争。

（五）能动的学习主体

大学生作为能动的学习者，必须具有主动性与自控性。在学习动机上，大学生需要树立正确的学习动机，把自己个人的理想与社会、与国家理想相结合，让自己成为一个有理想、有民族自尊心、有社会责任感的学生，而不是仅考虑个人利益，而忽视国家、社会的需求。

而在学习方式上，大学生也更注重主动性与自控性。在学习中，大学生要自己选择"学什么"，自己设计"怎么学"，自己预测和期望"学到什么程度"，并能对自己的学习进度进行监控。目前，大部分高校都设立了专门的学生科研经费，确立了大学生校级课题申报制度，鼓励学生通过科研项目设计、作品设计与制作等方式探索科学研究方法，获得丰富多彩的科研体验和科学文化知识。

七、学习与心理健康的关系

学习是学生的主要社会活动，除了学龄前的时间，学生大部分的时间里都与学习息息相关。学习与心理健康之间也有着紧密的联系。

（一）心理健康对学习的影响

通常情况下，心理健康的大学生的成绩比心理不健康的人的成绩要好，能力发挥得更加充分。相反，心理问题、心理障碍会妨碍学习能力的正常发挥，从而导致在同等条件下出现成绩不佳的现象。

（二）学习对心理健康的影响

学习不仅能使人增长知识，锻炼和开发能力，还能够促进人的全面发展。如果能在学习的过程中体验到愉快的情绪，养成正确的认知方式，长期浸润在这些体验之中，学习无疑是能够促进心理健康的。但是，也有一些同学在学习的时候有很多痛苦的体验，如疲劳、枯燥、失望、自卑等，长此以往就会导致心理问题甚至心理障碍。

第二节　大学生常见的学习心理障碍及调试

一、大学生常见的学习心理障碍

（一）大学生常见学习问题

1.动力不足

高中时期我们有一个强有力的目标，就是考大学，一切向考试成绩看齐，每天朝着这个目标努力成为我们生活的全部，这也让我们很有动力。很多同学反映，进了大学后自己就像泄了气的皮球，漫无目的，感到很迷茫，不知道该做什么。一些大学生的表现是：平时不爱上课，学习没有计划，厌恶和回避学习，当一天和尚撞一天钟；学习时注意力不集中，无精打采，作业拖拉；没有成就感，没有目标，没有压力和紧迫感；每日无所事事，或沉迷于游戏、小说，或沉溺于情爱之中。一些同学在中学时代就没有认真思考过学习目标，也不懂得如何制订远期、中期、近期的学习计划。很多同学过了大一的新鲜劲之后就陷入了迷茫和无聊，缺乏目标的引领，更容易沉迷于各种娱乐。一个合适的目标可以让我们体验到更深刻的愉悦感、价值感和使命感，还能为我们将来的就业和深造做好充分的准备。

2. 丧失乐趣

很多同学经历了小学、初中、高中的压迫式的学习之后，在心里对学习有了一种持久而弥漫的厌恶感。即使一些成绩比较好的同学，也只是把学习当作获得成绩和自尊的一种手段，而没有去体会学习本身的乐趣。一些同学在学习中表现得比较消极，不是因为他们没有正确的目标和想法，而是无法克服心里对学习的厌恶感。有时候他们也会尝试去激励一下自己，好好努力，但是经常不能坚持下去，一个最重要的原因就是无法从学习的过程中体会到乐趣，缺乏稳定持续的动力。

当然，这里还要澄清一个误解。在整个学习的过程中不可能总是充满乐趣的，有很多同学开始就假定自己对某个学科非常不感兴趣，因此不愿意投入精力。其实"学一行，爱一行"也是一个不错的选择。事实上学习任何一门学科，开始的时候枯燥是难免的，只要我们坚持下去，在掌握了基础知识之后我们就能体会到这一门学科学习的乐趣。

3. 被动依赖

中学的学习是比较被动的，每天接受老师的安排就可以了，学习内容、学习时间、学习环境、学习强度等因素都不需要自己去考虑，大多数人已经适应了这种被动安排的学习方式。到了大学以后，很多同学会很不适应，突然感觉到没人管了，和班主任见面的机会比较少，家长好像也不关心自己的学习了。没人管会让这些同学感到不知所措，会使他们感到没有依靠。很多同学仍然希望有一个"心灵导师"——他能够把一切细节都告诉自己，告诉自己未来的路应该怎样走，这本质上仍然是一种被动依赖。每个人都需要主动起来，主动安排自己的学习，主动规划自己的职业发展，主动对自己的人生负责。

4. 不够自律

无论如何，学习是一项艰苦的脑力劳动，我们必须付出诸多的努力才能维持学习行为。不管在什么情况下，我们都难以像打游戏或者购物那样轻松愉快地完成一门课程。在上课的时候低头盯着手机已经成为一种普遍现象，在智能手机和互联网普及的今天，获得一些肤浅快乐的感觉是如此容易，比如刷抖音、打游戏、逛淘宝。相反，认真听课、做笔记以及与老师互动，则需要较强的自律能力：一方面要抵制唾手可得的诱惑，另一方面还要坚持完成一些困难的任务。

但是，想获得任何学习上的成就都必须付出足够多的努力。虽然有些同学也有一些重要的目标，比如升入本科学习等，但是因为自律能力不足，最终这些目标都难以真正实现。

5. 缺乏自信

在学习上缺乏自信的同学在遇到困难时可能会产生自我怀疑，继而产生强烈的焦虑和无助的感觉，好像无法克服这些困难。这些痛苦的感受和无法克服困难的预期最终会导致其对困难的畏惧和逃避。这类同学在学习的过程中更容易产生无助、紧张、焦虑、畏惧、抑郁的情绪，更容易产生放弃的行为。

因为高中的学习经历和高考的成绩，一些大学生的自信心比较低，从内心预先认定自己无法获得更好的成绩，无法成为更优秀的人才。这样会导致这些同学在学习中容易自我怀疑，产生焦虑和无助的感觉，在学习新知识和遇到困难时更倾向于选择放弃，最终丧失自信，产生厌学情绪。

6. 方法不当

有一些学生看起来学习很刻苦、很勤奋，在学习上投入了大量的时间和精力，但由于持续使用低效的学习方法，结果身心俱疲，成绩停滞不前。他们缺乏自我调节的意识，不懂得如何进行计划、监控和调节。在面对不同的身心状态、学科知识、学习环境、学习时间、学习伙伴、学习要求时仍然重复使用那些熟悉且低效的学习方法。这种未经思考的、下意识的学习方法无法帮助他们取得良好的学习效果。他们可能还会得出一些错误的结论，觉得自己智商不够高、意志不够坚强、缺乏学习某个学科的能力，给自己贴上错误的标签，由此导致学习时情绪低落。所以，当我们发现自己学习效果不好的时候，要反思是不是自己的学习方法不当，应该如何调整自己的学习方法。

7. 过度努力

与一些每天"混日子"的同学相反，在大学中还有一些同学非常努力，在图书馆和自习室经常会看到他们的身影。他们恨不得把所有的时间都用来学习，忽视了基本的睡眠、饮食、娱乐。他们把学习当作主要的甚至是唯一的精神支柱，认为只要取得好成绩，其他一切都不重要，如果时间不用来学习就会有负罪感。实际上，长期超负荷地学习，会导致焦虑、失眠、记忆力减退、注意力难以集中等问题。过度努力不仅会导致学习效率低下，还会对身心健康造成伤害。

（二）大学生的学习心理障碍

1. 认知失调

认知失调是指一个人的态度和行为等认知成分相互矛盾，导致从一个认知推断出另一个对立的认知时产生的不舒适感、不愉快感。常见的认知失调有：片面地得出错误的推论、不能正确地区分现实与理想的差别、自我评价过低或过高等。

造成认知失调的原因大致有以下两个方面。

（1）自我认同危机

自我认同危机是产生认知失调的根本原因。有的大学生原本认为，认真读书就会有好的出路，但这种美好设想在现实中并不能完全实现，此时他们对自己的想法产生了怀疑，感到困惑。特别是互联网时代下海量信息涌来，面对多种价值观念的冲击，大学生在人生观的确立、人生道路的选择上会遇到更多困惑：他们时而认为高学历、高技术是互联网时代的敲门砖，因此必须拿到各种证书点缀自己的简历；时而觉得站在时代的风口才是成功的要诀，"网红""眼球经济"更令人艳羡。由此带来的迷茫与不确定很容易使他们产生自我认同危机，进而导致认知失调。

（2）特殊的生活阅历

有的大学生在高中阶段的理想没有得到实现，期待着到大学后可以实现。例如，破碎家庭的孩子期待在大学可以得到家人般的温暖，同学之间能互帮互助，相互促进，但真正进入大学后没有感受到这样的校园氛围，若不能及时做出有效的自我调整，就容易导致认知失调。

2. 情绪失调

情绪失调是指由片面的或错误的认知引起的自我否定、焦虑、恐惧、抑郁等不良情绪。情绪失调在学习上的表现主要有以下三种。

（1）学习冷漠症

学习冷漠症是指对学习毫无兴趣，缺乏学习动机，注意力不集中的一种情绪状态。患有学习冷漠症的学生往往处于一种消极的心境当中，他们能意识到这种情绪是不健康的，却难以做出改变。学习成为唯一目标是产生学习冷漠症的主要根源。

（2）学习无助感

学习无助感主要是指个体在被动地接受某种刺激后，感到无力去应付或不能学会如何应付的一种情绪状态。学习无助感主要表现在那些学习能力较弱、学习基础较差或因学习方法不正确而导致学习成绩多次不理想的学生身上。这些学生往往感到力不从心，无法驾驭学习，这种失败感会导致他们消极认识的扩散，进而产生自卑心理，出现无精打采、嗜睡等生理现象。

（3）学习焦虑症

学习焦虑症是由于学生以学习成绩的好坏作为自身价值评判的唯一标准而导致自信心不足的一种症状。例如，害怕考试失败，害怕学无所成，最终无法就业，害怕在学习过程中与老师进行沟通交流等。学习焦虑主要体现为学习过程的焦虑与学习结果的焦虑。有些学生的学习成绩较好，但特别害怕失败，总感到莫名其妙的焦虑，这就是因为其患有学习焦虑症。

常见的情绪失调的原因有以下三个方面：一是强烈的自尊心和情绪的不稳定性；二是竞争压力过大；三是心理发展中的矛盾冲突。

3. 学习定势

学习定势也称学习定向，它是指一个人在进行学习活动时的心理准备状态。其中，学习心理准备状态是由一个人的态度、思维方式等等共同组成的，这种学习心理准备状态为之后的学习指明了方向。值得注意的是，学习定势在学习中的消极表现主要是指大学生学习时状态不佳、注意力不集中、学习效率低等情况。

一般情况下，产生消极的学习定势的主要原因共有以下三点：首先，部分大学生在学习过程中没有明确的学习目标；其次，部分大学生在学习过程中没有一个良好的学习方法；最后，部分大学生自制力差，会被周围环境严重影响自己的学习状态。

二、大学生学习心理障碍调试

（一）学习动机调整

对于一个学生来说，学习动机指的就是其在进行学习时的动力。学习动机在某种方面深刻地反映了学生对于学习的某种需要，正是通过学习动机才能够激励学生进行学习。一般情况下，学生的学习动机会表现为其对知识有着强烈的获取欲望，学生自身对周围世界有着元与伦比的好奇心与兴趣，自身有着良好的学习态度。

1. 培养学习动机

学生如果要养成一个正确的学习动机，就需要明晰自身对于学习的目的与追求，找到自身的学习目标。所订立的学习目标需要自身能够通过一定的努力就可以达到。为自身设立正确的价值观，充分认识到学习对于自身在未来发展中的重要性，通过确立的目标将社会动机与个人动机进行有机结合，由此形成了一个良好的学习动机。

2. 培养兴趣

对于一个学习者来说，兴趣是最好的老师，它能够指引着人不断地向前探索，全身心地投入到喜欢的事物当中，获得极好的体验，尤其需要注意的是，这种愉快的体验会进一步推动人们进行深入的研究。所以说，兴趣是不断探索的动力。在不断地研究中发现，兴趣推动着人们进行一系列的活动。

对于大学生来说，应当根据自身的特点选择一些自己感兴趣的内容，根据自身的兴趣特点有针对性地培养兴趣，获取足够多的课外知识，有意识地激发自身的学习兴趣，扩大自身的学习兴趣的范围，选取一些对社会有价值、有意义的方向作为自身兴趣发展方向，不断地提高自身的学习积极性与主动性。

3. 培养成就动机

成就动机是指一个人为获得新的发展、地位或赞誉而寻求、实现有价值的目标的内在动力。在学习过程中，一些有着较强学习动机的学生，也有着较强的学习的自我意识、主动性、持久性。由此观之，学生的较强的学习动机能够帮助学生更好地将自身潜在的兴趣转化为更为实用且有效的兴趣。其中，值得注意的是，培养良好的学习动机就是为了能够获得成功学习的体验，所以说，在学习过程中，学生要对自身有着合适的学习期望以及相应的要求，以此来实现自己的目标。经过教育学心理实验可以发现，经常受表扬或者奖励的学生会受到较强的激励作用，而且时间较长，所以说大学生在学习的过程中应当及时对自己的学习阶段性成果进行奖励与表扬，由此不断突破自己，获得自信。由此观之，大学生的首要任务就是进行成就动机教育，调整动机激励方式，在完成目标之后给予自己表扬与鼓励，从而克服自卑心理，对于自身的计划要积极、有效地执行，直到最终达到想要的目标。

（二）做好时间管理

1. 重点分配法

这种方法是指相关人员严格按照事情价值的大小进行时间分配，即将事情按照轻重缓急的方式进行排列，在有限的时间内合理地分配精力，做最大意义的事情，优先保证最重要的事情率先完成。

2. 性质分配法

性质分配法就是将事情按照其自身的性质进行时间分配，将时间分为两种，分别是硬性时间与弹性时间。前者是每天都必须有的固定时间，比如每天的吃饭时间、睡觉时间，等等；后者是可以自由进行调节的时间，比如社交时间、休闲时间，等等。

3. 学会细化目标

明确的目标可以为我们的努力指明方向；设置界限，能够促进我们发挥潜能，更快、更好地完成学习任务。

（三）增强记忆效果

大家可能都听过狗熊掰棒子的故事：狗熊走进玉米地里，掰了个玉米棒子夹到腋下，走了几步后又掰了个玉米棒子夹到腋下，但原先的玉米棒子掉了。狗熊在玉米地里忙活了半天，最终手上就只有一两个玉米棒子。

这个故事说明能够牢记已经学过的知识非常重要，在学习中如果我们不能及时巩固之前所学习的知识，学习就变成了狗熊掰棒子：学了后面的知识，忘了前面的知识。下面我们说说哪些做法能够提高记忆的效果。

1. 合理调整内容呈现的位置

在学习过程中会遇到测验的情况，我们可以发现，在已经学习的一系列词语中，我们对于开始与结尾的几个词的记忆效果要远远好于中间的一些词语，这是因为在记忆过程中，我们倾向于对刚开始的内容倾注更多的精力，这就是首因效应。还有，对最后的单词记忆清晰是因为学习最后的内容时间点与开始测验的时间点之间的时间间隔短，没有杂乱的信息干扰我们的大脑，由此造成了近因效应。根据首因效应和近因效应可知，开始阶段和最后阶段所获得的信息比其他信息更容易记住。所以在学习的过程中，重要的信息可以放在开始或者最后。在记忆一段内容的时候也不要每次从头到尾地背诵，适当调整开始和结束背诵的内容会有更好的效果。

2. 及时复习

重复是记忆之母，但是什么时间进行重复，学习效果才是最好的呢？遗忘的进程是不均匀的，呈现出先快后慢的特点，在学习之后最初很短的时间里遗忘的速度最快。如果过了很长时间才复习，那几乎就等于重新学习一遍。根据这一规律，复习最好要趁热打铁，及时进行。复习的"黄金两分钟"是指在学习后的 10分钟内就进行复习，只用两分钟往往就能取得良好效果。

3. 集中复习和分散复习

集中复习就是在特定的时间段内对所要复习的内容进行多次的重复学习，分散复习是指在多个时间段内对需要学习的内容进行学习。大家应该有这样的感觉：考试前几天临时抱佛脚或许能够帮助我们顺利通过考试，但是过一段时间就会忘得一干二净。相反，分散复习有助于使所学内容长期保持。学习之后通常要复习四五次才能将所学内容牢牢记住。一般认为开始复习的时候时间间隔要短，以后则要长一些。安排分散复习的时间一般情况下是十分钟、一天、一周、一个月、两个月、半年之后对同一材料各复习一次。

4. 自问自答或尝试背诵

所谓自问自答或尝试背诵的学习，是指学生在学习一篇材料时，为保证记忆深刻，可以选择自问自答的形式，这样做可以有效地寻找与定位自己的知识错误与薄弱处，做到有的放矢。反复阅读多是平均用力，缺乏重点，学习效率相对不高。

5. 过度学习

过度学习是指在达到一次完全正确的再现之后继续学习的方法。如我们背诵一篇文章，阅读 10 次能够准确再现（就是会背了），那么接下来如果继续重复阅读这篇文章我们就能够记得更加牢固。当然，学习是有限度的，并非学习次数越多，学习的效果就越好。如果把学习某种知识掌握到当时再现时不出错的训练量界定为 100%，但是完全掌握这一知识仍然需要继续学习，一般认为达到 150% 的训练量的效果最佳。如果超过这个限度就会因为学习疲劳产生边际效应，学习效果将逐渐下降。

6. 主动参与

在完成各种学习任务的时候能够亲自参与，要比单纯听课学得更好。另外，灵活运用所学的内容也是一种有效的学习方法。如果将所学的知识用于实验、写成报告、做出总结或向别人讲解，将会获得更好的学习效果。著名的费曼技巧就是要求用所学的知识去教别人，这对知识的掌握程度要求很高，这样做会推动我们构建知识网络，深入理解这些知识，知识保持的效果就会非常好。

（四）尝试自我调节

能够及时、合理地自我调节，要求我们能够对学习方法使用过程中自己的想法、感受、行为以及相应的结果有清晰的认识，从而不断做出尝试和调整。根据自身特点、学科特点、学习时间、学习环境、学习内容、身体状态、情绪状态做出合理的安排。当学习遇到困境的时候，能够通过对学习过程的监控来分析为什么会出现这样的困境，进而调整自己的学习信念、策略和行为，并对今后的学习效果进行跟踪，直到找到克服这一困境的方法。希望同学们课后能够对自己的学习习惯和方法做一个反思，尝试做出一些合理的调整，以提高自己的学习能力。

（五）克服考试焦虑

1. 考前减压树立自信，消除紧张情绪

对于学生来说，在考试之前积压的巨大的心理压力会演变成为考试焦虑，所以说，为了缓解考试焦虑，首先要做的就是减轻心理压力。考生要正确看待考试成绩，为自己树立自信心，抛却紧张的情绪，努力克服自身的不良心理反应。

2. 提高挫折阈限，稳定心理素质

考生需要正确认识自己，不要给自己定下不切实际的期望，正视挫折，努力提高自己的心理承受能力，同时掌握一些调适情绪的方法，如渐进性肌肉放松法、想象放松法等，使紧张的心情平静下来。

3. 劳逸结合，合理安排学习

在进行考试之前，考生要努力复习，认真复习，在复习时要严格注意合理安排自己的学习时间与休息时间，只有科学地安排好学习与休息之间的关系才能获得最好的结果。

第三节　大学生创造力的发展与创造性的学习

一、创造力的内涵

依据《韦氏大词典》的解释，"创造"一词有"赋予存在"的意思，具有"无中生有"或"首创"的性质。创造力则是一种创造的能力。陈龙安综合归纳各家有关创造力的意义，认为创造力是指个体在支持的环境下结合敏锐、流畅、变通、独创、精进的特性，通过思维的过程，对于事物产生分歧的观点，赋予事物独特新颖的意义，其结果不但使自己也使别人获得满足。可见，创造力可以理解为根据一定目的，运用已知信息，产生出新颖、独特、有社会或个人价值产品的能力。

二、创造力的两大认识支柱

想象与思维是人们创造活动的两大认识支柱。这里的想象主要指创造性想象，这里的思维主要指创造性思维。

（一）创造性想象

作为想象的一种，创造性想象是指根据一定的目的和任务在头脑中独立地创造出新形象的心理过程。新颖性、独立性、创造性是其本质特征。它能够结合以往的经验，在想象中形成新的设想，提出新的假设，是创造性活动顺利开展的关键。科研发现和创见、生产技术和产品的改进发明、文学艺术的构思塑造，甚至儿童的画画和游戏，都离不开创造性想象，比如，将词语"苹果"和"月亮"发生联系，就是借助于创造性想象。

（二）创造性思维

创造性思维是相对于以固定、惰性的思路为特征的习惯性思维而提出的，是一种高度灵活、新颖独特的思维方式，它常常在强烈的创造动机和外在启示的激发下，借助于各种具体的思维方式（包括直觉和灵感），以渐进性或突发性的形式，对已有的知识经验进行不同方向、不同程度的再组合、再创造，从而获得新颖、独特的有价值的新观念、新知识、新产品等创造性成果。创造性思维是发散性思维和聚合性思维相结合的产物。创造性思维活动的完整过程是从发散思维到聚合思维，再从聚合思维到发散思维的多次循环和不断深化。因此，创造性思维能突破常规和传统，不拘于已有的结论，以新颖、独特的方式解决新的问题，它是整个创造活动的实质和核心。

三、创造力的影响因素

（一）创造力和智力

一些研究表明，智能特征和创造才能之间显示了一种低水平的相关或完全不相关。也就是说，越聪明的个体不一定就具有创造力，但这并不表示创造不依靠智力。加德纳曾对弗洛伊德（S.Freud）进行了分析研究，得到的结论是弗洛伊德是极其聪明的。加德纳认为，弗洛伊德是言语智力的天才，这让他很容易学习外语并进行广泛阅读，而且他在科学方面也极有天赋，这些为他成为精神分析的开山鼻祖打下了坚实的基础。智力与创造力的关系类似于汽车和驾驶员之间的关系。驾驶员的技术会影响汽车的驾驶方式，同样，一个人的创造力可以决定他如何发挥他的智力。可以说，创造力是智力活动的最高表现。

（二）创造力与人格

人格因素与创造力之间的关系极为密切。心理学家吉尔福特认为，具有创造性的个体具有以下特征：①高度的自觉性和独立性；②旺盛的求知欲；③强烈的好奇心；④知识面广，善于观察；⑤工作讲究条理、准确性和严格性；⑥有丰富的想象力、敏锐的直觉、喜好抽象思维，对智力活动有广泛兴趣；⑦幽默感；⑧意志品质出众，能排除外界干扰长时间地关注某个兴趣中的问题。而不利于创造性的人格特质则表现为：缺乏观察力和求知欲，看问题角度单一，想象力贫乏，害怕失败、保守固执、缺乏自信、依赖权威等。

根据国内外研究，具有创造力的学生具有兴趣广泛、专心致志、有强烈的好奇心、自信独立、勇敢、富有幽默感、甘愿冒险等特点。其中强烈的好奇心、自信独立和专心致志这三个特质是最基本也是最重要的。

1. 强烈的好奇心

好奇心意味着对新异事物的敏感、对未知事物强烈的探索欲望和对真知的执着追求。巴甫洛夫对狗看见食物就流口水的好奇心，促使他创立了高级神经活动生理学；伽利略对教室吊灯摆动的好奇心，驱使他发现了摆的等时性原理，实现科学计时……法国作家法朗士说：好奇心造就科学家和诗人。它是创造的出发点、动机和推动力。其次，好奇心意味着不满足于问题只有一个答案，他会尽力寻找多个答案，在多个答案中做最优的选择。好奇心还意味着一种开放的姿态，不受任何先入为主的束缚，不迷信于任何定律和权威。俄国罗巴切夫斯基正是推翻了连小学生都已熟知的"三角形的内角之和等于180度"的几何定律，才建立起完全不同于欧式几何学的非欧几何学，从而对现代物理学、天文学以及人类的时空观念的变革产生了深远影响。

2. 自信独立

高度的独立性，尤其是独立思考的能力，是创新者必备的素质。爱因斯坦说："不下决心培养独立思考习惯的人，便失去了生活中最大的乐趣——创造。"独立性使人不盲从、不轻附众议；善于独立思考的人常对事物有敏锐的洞察力，从而达到独出心裁、别具创新的境界。然而独立性需要有充分的自信心作为支撑，因为我们每个人都曾或多或少地受到社会以及群体力量的影响，一旦你特立独行，往往会面临或被排斥、被嘲讽或接受再教育的境地。因此，培养自己的自信心和冒险精神，鼓励每一个创造性想法，对培养创造能力有极大的作用。

3. 专心致志

"知止而后能定，定而后能静，静而后能安，安而后能虑，虑而后能得。"

只有定下心来，将自己的意念集中于你所做的事情，才能给创造性的想法以诞生的空间。

四、如何创新创造

大学生是具有较高智力水平的人群，更具有发挥创造力的潜在优势，他们正处于思想最活跃的时期，对各种事物充满好奇心和探索欲，其专业学习也是一种思维的系统训练，加上拥有较多向专家学者学习与交流的机会，这都为他们创造力的发挥提供了得天独厚的优势。日本学者把青年期结束之前的创造思维的开发分为三个时期：启蒙期（3～9岁）、培养期（9～22岁）和结实期（22～28岁），其中培养期是开发创造思维的关键期，必须注意强化脑的机能，着重打下科学创造的基础，为过渡到有社会价值的发明创造奠定基础。可见，大学阶段是创造力培养的关键期，充分利用好创造力培养的关键期，有意识地提升自己的创造力素质，是大学生提升自己综合素质的核心任务。那么，大学生如何培养创造力呢？

（一）丰富知识与经验

创造力不是空中楼阁，它依赖于坚实的知识基础和精湛的专门技能。个体只有精通所学专业领域的知识，并努力开发创造所必需的技能和洞察力，才有可能表现出不同于其他个体的创造力。一些心理学研究表明，创造力与个体知识结构之间存在十分密切的关系。合理的知识结构（即有一定的基础理论知识、较深厚的专业知识、广泛的邻近学科知识及有关的学科发展前沿知识组成的网状知识结构）有利于同化原有的知识或概念，形成新的观点和概念。同时，在合理的知识结构中，知识越丰富，产生新设想、新观念的可能性越大。可以说，丰富的知识和经验是提高创造力的前提。然而，另一方面，如果不恰当地运用自己丰富的知识经验，也会成为个体发挥创造力的羁绊。因此大学生在不断地扩充自己的知识结构、丰富自己知识经验的同时，还要在尊重、学习和借鉴的基础上，勤于思考，敢于对已有的知识经验质疑，才不会使自己的独创精神淹没在书海中。

（二）培养发散性思维

创造性思维所面对的首先就是一个具有广泛联系和无限可能性的世界，其联系的方式和程度远比我们想象的要复杂。正如仅仅 7 个音符能组合出一切最美妙的音乐，26 个英文字母组合成了从莎士比亚戏剧到联合国宣言一切可能的文化一样，需要从本质上承认事物的普遍联系性，承认在事物表面联系的背后隐藏着诸多鲜为人知的可能性。于是发散性思维变成了一切创造的最初条件。美国心理学家吉尔福特坚持认为，发散思维是创新思维的核心。发散思维能力与创造力的关系非常密切，因此大学生可以进行一些发散思维训练，如一题多解等，能够有效地提高大学生的发散思维能力。

（三）潜意识与创造

弗洛伊德把人的意识比作冰山，露在海面的部分是意识，即能感知到的记忆或能觉察到的心理活动，它大约只占整个冰山的三分之一；而海面以下绝大部分是不能意识到的那部分记忆或没有觉察到的心理活动，被称为潜意识，它时刻影响着人的心理和行为。潜意识活动会影响人的创造性，潜意识作用于人类创造活动主要有三种形态：平时的自然流露、睡眠中的构思和灵感的喷涌。每个人都会有过这样的体验：我们对一个问题百思不得其解，答案却在意外的场合中突然获得，也就是我们常说的灵感。灵感的发生正是我们所思考的东西在潜意识中酝酿滋长，一旦酝酿成熟，就涌现在意识中了。

然而，潜意识对创造的作用是建立在对有关问题的充分准备之上的。音乐家柴可夫斯基毫无疑问是最伟大的音乐天才之一，有时也被缺乏灵感所苦，因为灵感和直觉闪现的突发性、瞬时性和高速性往往使人来不及察觉，而为了及时捕捉灵感，我们就要随时随身准备纸和笔把突然跃入脑际的思想火花记录并及时进行精加工，利用这种手段进行验证，才有可能实现创造性的发明和发现。

（四）积极营造创造的心理氛围

1. 脑力激荡法

几个人一起思考同一问题时所产生的效益往往大于一个人的独立思考。这种思考和解决问题的方式，一方面能提高对问题认识的广度和深度，另一方面在讨论的基础上会产生心理学家所称的"社会促进"现象，即当一个人看到其他人正在完成某个任务时，自己也会积极地思考。

2. 积极参加科学研究，培养科学能力

许多创造性成果都是科研的结果，因此应当积极参与有关科研活动，培养实事求是的科学态度；通过系统的科学训练，可以掌握科研的步骤，在科研实践活动中往往能够激发出创造的火花。

第六章　大学生的人际交往心理与辅导

如今的大学生们在大学校园里饱受人际交往的困扰。了解人际交往的基本规律，掌握科学的交往尺度和技巧，培养良好的人际关系，对于大学生的身心成长具有重要意义。本章主要从人际交往概述、大学生人际交往能力的培养、大学生人际交往调适三个方面展开论述。

第一节　人际交往概述

联合国教科文组织曾提出，教育要使学生"学会认知，学会做事，学会做人，学会共同生活"。其中"学会共同生活"就是要教育学生学会处理好人际关系。青年时期是一个关注交往、需要理解、渴望友谊的时期。通过人际交往结成一定的人际关系，是个体能够适应环境适应社会生活、担当一定的社会角色、培养健全人格的基本途径。人际关系与大学生成才密切相关。大学生活是人生旅途中学习、成长的重要阶段，也是大学生学习处理人际关系的最好机会。

一、人际交往的含义

交往是标志人类活动的特殊领域的概念。交际在英文中使用"Communication"一词来表达，其含义有通讯、传达、交流、意见的交换等。交际在汉语中又称为"交往"。"交"有接合、逗气、赋予的意思，"际"有接受、接纳、交合、会合、彼此之间等意思。朱嘉对"交际"的注释是："交际谓人以礼仪币帛相交接也。"这里所说的"礼仪"的"相交接"，即日常所说的礼尚往来，主要是指人与人之间的精神性交换；而"币帛"的"相交接"，指人与人之间的物质性交换。朱熹把人与人之间精神和物质的交换称为交际，这种诠释是很有见地的。

由此可见，人际交往是指人与人之间的信息沟通、思想交流、感情表达与需要，从而在心理和行为上产生相互影响的动态过程。

人际交往是人类生活不可缺少的重要组成部分。在现代社会中，人们所从事的劳动和工作越来越复杂，社会化程度越来越高，既有个人劳动，又有严格的整体配合，需要越来越多的人合作才能成功。同样，随着物质水平的提高，各种信息纷至沓来，人们比以往更渴望对话、理解、沟通，渴望文化生活和精神交往。而人际交往恰似劳动、语言和闲暇一样，是人类生活不可缺少的重要组成部分。

人们在交往的过程中形成了各种各样的人际关系。确切地说，人际关系是人们在社会生活和社会交往过程中发生、发展和建立起来的人与人之间的一种关系。人的这种关系以情感积淀为基础，具有较强的稳定性，是情感纽带。它的产生、保持、改变和消亡都由交往者个人把握，紧紧遵循人的心理规律，而不具有强制性，是一种非规范性的交往。从另一个角度来看，人际交往是指人与人之间的信息沟通或者物资交换。当人们用语言、眼神、表情或者其他肢体动作表达意见、情感或者态度时，其实质就是进行信息沟通。当人们通过购物、礼尚往来等进行物质交换时，彼此之间就建立了一种以物质为载体的交往行为。

二、人际交往的心理效应

（一）首因效应

45 秒就可以对一个人有一个初步的判断，这是心理学研究的成果。对于一个人来说，第一印象最为牢固，之后会对这个人的一切认识产生影响，这种现象被称为首因效应。在日常交友、招聘、面试等社交活动中，都在不自觉地被带入这种效应。

首因效应在人际交往中起着双刃剑的作用。首因效应是指交往双方形成的第一次印象对今后交往关系的影响。然而，在人际交往中，彼此最初的认识是不全面的，因而是有偏差的。

"路遥知马力，日久见人心"。应当尽量避免被不好的第一印象影响，要将对人的认识与日后的观察进行结合，尽量做到公正客观地观察一个人。作为被人观察的对象，要注意不要给人留下一个不好的第一印象，因为我们没有办法再次树立一个新的第一印象。

（二）晕轮效应

晕轮效应也被称为成见效立，指的是这种十分强烈的直觉的品质或者特点就像月亮形成的光环一般，由月亮向周围进行弥漫与扩散，最终掩盖了其余的优秀特点，也因此被称为光环效应。在很多时候，晕轮效应会对人际关系产生积极的影响，但是它也有局限性，比如：第一，容易以偏概全；第二，会受到主观判断的绝对化影响；第三，有时会将毫无联系的两种或多种特征进行关联，坚持认为这种特征一定会有另外一种特征。

（三）投射效应

将自己的某种心理特点强行添加到他人的身上，这种现象被称为投射效应。人与人之间的直觉的投射效应表明人会对他人的认识包含自己的认识，这就会导致自己对他人的认知不再清醒与理智，如果没有进行自我反思，很有可能会出现晕轮效应，从而导致各种偏见的出现。

（四）刻板效应

刻板效应还被称为刻板印象，它是指对某人或者某一类人产生的一种较为固定的印象或者看法。刻板效应实际就是一种偏见，偏见是一种预先判断。一旦把某项特征归入一个类别，比如某个特定的种族或者性别，人们的记忆系统之后就会偏向与该类别相关联的这项特征。

在某种程度上，刻板效应可以帮助人们简化认知过程，这会有助于对某一事物做出最快的判断，有效地增强人们在沟通过程中的适应性。但是这种刻板效应也有不合适的地方，比如它很容易阻碍人们对于一类成员的新特性的认识与判断，经常依据刻板效应进行判断的人在认知上会显得僵化、保守，甚至于一旦形成不正确的刻板印象，就会严重影响自己对于世界的认识。

三、大学生人际交往的类型

（一）师生人际交往

师生关系是大学生人际关系中很重要的一个组成部分。学生与老师的人际关系不是一种地位、角色对等的沟通，一般都有尊重、敬仰、惧怕等心理过程和情绪特点。有些老师在和学生的人际互动中，容易忽视学生的欢乐、兴趣、对错、恐惧等人际情绪，不了解大学生内在的情绪变化和语言信号，这样彼此就会成为最熟悉的陌生人。这就需要老师学习一些心理健康知识，提高自己的心理素养，了解学生心理，尽可能地走进学生的精神世界，这样才可以弥补师生人际交往的不对等带来的人际交往盲点。

（二）宿舍人际交往

对于当代大学生来说，宿舍的人际关系的和谐对于大学生的心理发展有着积极作用，对于大学生来说，宿舍关系是其人际关系中最为重要的一部分。宿舍是大学生之间进行人际交往的场所，值得注意的是，大学宿舍还是大学生的第二课堂，有着良好学习氛围的大学宿舍能够吸引所有宿舍成员热爱学习，甚至于全体考上研究生。一个健康良好的大学宿舍的人际关系环境对大学生顺利且健康完成学业有着正面的帮助。

（三）家庭沟通

家庭沟通是以一个家庭为单位，焦点是家庭成员间的互动和沟通的问题。家庭沟通理论强调在家庭中要加强沟通，促进家庭在平等、对称的互动模式下而非对立的行为中交流。大学生会通过书信或电话及时、主动地向父母汇报学习、生活等情况，和父母进行思想感情的交流。家长也要深入孩子内心，给予更多精神上的支持，帮助孩子解决成长中的困难。有些亲子冲突会造成严重的身心伤害，甚至会引发一些悲剧。沟通是家庭成员间解决问题的重要途径，只有充分、开放的亲子沟通，才能使亲子关系向好的方向发展。

（四）班级人际交往

班级是人际交往的基本单位，班级的人际交往环境就是一个小的社会，学生在以社会化学习为中心的班级共同活动中形成各种关系。在这种互动活动中，每个人都在班级人际结构中占有一定的位置，如班长、团支书、学习委员等，这个位置决定了每个人的角色和地位。这属于宏观的班级人际结构。还有一种微观的班级社会心理现象就是伙伴群体，也称班级小群体，一般三四个人，多则六七个人。小群体是自由组合的，有积极的心理学意义，即独立性的表现，标志着摆脱了成年人的控制，满足了独立需求。但是小群体也有消极作用，有排他现象发生，会以团伙形式故意孤立同学，使内向、不善交际的同学更加孤立，有些小团体甚至欺凌同学，反而使班级人际关系紧张。这就需要创建良好的班级人际环境，在班级里形成民主、平等、融洽的氛围。

（五）网络人际交往

在现如今的社会中，大学生之间的交流主要通过微信进行，微信的出现解决了现代人与人之间的交往所缺乏的日常联络、分享交流、节日祝福等等，使得人们有了被某一个团体接纳的价值感。更重要的是，因为各种群，朋友之间增加了往来，加深了了解，人际氛围更加多元化。但是，很多同学为了满足自身被关注的需要，不断地进行分享，严重影响了与其他人的现实交流活动，这些同学是为了在朋友圈实现自我价值，获得成就感。对于一个人来说，极度需要获取他人的关注与认可，一旦自己的朋友圈信息被点赞之后，就会促使自己更加乐于发送朋友圈，但是这种形式严重阻碍了与其他人的交流，所以这些渴望关注的同学应当学会自控，在日常生活中多运动、多交朋友，实现虚拟世界与现实世界的平衡。

四、大学生人际交往的特点

大学生的文化层次较高，生理和心理日趋成熟，比较重感情，作为一个特殊的群体，大学生的人际交往具有以下特点。

（一）自主性

社会心理学研究表明，青年时期是人的自我意识发展和完善的时期。大学生发现了自己的内心世界，对自己以及周围关系有了新的认识。大学生们不再愿意依赖他人，而是希望独立地进行一系列的活动。在人际交往过程中，从交往观念的建立到交往对象、方式的选择等方面，都由他们自己决定。他们开始学会用自己的眼光来观察、分析与认识世界，并强烈地渴望摆脱家庭、师长及一切的说教式束缚，这种鲜明的倾向形成了当代大学生人际交往的自主性特征。

（二）平等性

大学生随着自我意识的发展，独立和自尊的要求日益增强，于是产生了强烈的"成人感"，对交往的平等性要求越来越高。他们既对他人平等相待，又希望他人对自己也一视同仁。所以大学生常选择与同学交往而远离父母，经常回避居高临下的教训，渴望平等交往。而那些傲慢无礼，不尊敬他人，操纵欲、支配欲，嫉妒、报复心比较强的人常常不受欢迎。实践证明，平等交往的要求使那些谦和、真诚、善解人意、通情达理、乐观向上的人成为大学生乐意交往的对象。

（三）多样性

多样性是指大学生交往对象、渠道和方式的多样性。当代大学生思想活跃、感情丰富、精力旺盛、兴趣广泛。他们常常跨班级、跨年级、跨专业地进行多方面的交往。与此同时，大学生还借助实习、实训以及社会实践的机会逐步将交往的范围扩大到社会。随着社会的不断发展，高科技产品不断涌现，电脑、互联网越来越成为大众所喜欢的家庭用品和学习办公用品。尤其是在这些充满活力的大学生群体中，电脑、互联网备受青睐。大学生宽松自由的时间比较多，电脑网络不仅是他们的学习工具之一，更是他们娱乐休息时与人交往的重要方式。他们在建立和发展自己的人际关系时，除了直接面对面的交流外，电话、短信、网络等方式已经逐渐成为大学生交往的主要方式。调查发现，通过上网交友的大学生占80%，有相对较为固定网友的占15%。几乎所有在校大学生都有自己的邮箱和QQ号码，他们还经常去自己的网上班级与同学交流，到自己喜欢的论坛上发表自己的看法，与网友交流。

（四）波动性

大学生普遍希望通过交往获得友谊。对友谊的珍惜与渴求，以及青年人情感丰富的心理特点，使大学生在人际交往中十分注重感情的交流，讲求情投意合和心灵深处的共鸣。虽然大学生的思想观念已初步建立，但并不稳定，而且大学生的情感也不是很稳定，有点变化无常，表现为时而欢欣鼓舞，时而焦虑悲观，也经常容易用感情代替理智，所以交往的对象、内容、方式等都容易发生变化。如在选择交往对象时，往往缺乏一种全面、客观、辩证的态度，只看到表面现象，看不到内在本质。再加上年轻人情绪容易波动，有时几句话就能改变初衷，即使对同一对象也往往今天相见恨晚，明天可能就形同陌路。因此，这种情绪波动导致大学生人际交往经常处于不稳定状态。

另外应该注意的一个特点是：贫困大学生的人际交往程度较低。渴望交往的贫困生，其个人身心发展正处于社会化阶段，认知结构不完善。在人际交往中，他们容易把经济条件作为衡量个人成败的唯一条件，并在参加群体的选择上表现出以偏概全的情况，从而导致他们在适应环境方面表现出明显的不适应。交往能力是从交往中学来的，交往经验是在交往实践中积累起来的。贫困生由于家庭经济困难，个体的需要长期得不到满足，容易导致贫困生压抑的心理倾向；进入大学之后，面临全新的人际环境，通过与在经济上占优势同学的比较，贫困生强烈地感受到自己在经济上的相对贫困，会造成心理上的相对剥夺感。长此以往，这种情况导致了大多贫困生在人际交往中比较被动、封闭和挑剔，不爱交际，不愿参加集体组织的活动，也不愿参加需要经济上有投资的活动，影响了人际交往的正常进行，从而导致了人际交往能力相对较差。

五、人际交往的原则

（一）平等原则

平等待人是维持正常交往的前提。商品经济的首要原则就是平等交换，公平竞争。人际交往中要遵循的首要原则也是平等。对于平等，西方社会学家给了这样的解释：人们在交往过程中给予对方的和自身获得的回报之间的价值是相等的，所付出的交往代价与得到的交往报酬是对等的。即使是在市场经济高度发展的今天，社会平等依然是交友的首要原则。平等是指交往的双方在人格上是平等的，彼此之间没有高低贵贱之分，双方的关系是朋友式的、同志式的。在人际关系中的具体表现为以和蔼可亲的态度对待对方，切忌命令式的态度，如果摆出一副高高在上的样子，觉得自己比对方优秀，常以教训的口吻来表达自身观点，就会引起别人的反感，双方也就不存在平等的友谊了。人际交往的过程中既要防止任何形式的优越感，也要防止低人一等的自卑感。在大学生的人际交往中，不平等现象时有发生，如学生干部对于一般同学就有着优越感，生活条件好的同学有时也会觉得自己比生活条件较差的同学更有优势，甚至有时来自大城市的同学会觉得来自农村的同学没有见过世面、小家子气，在交往中会不自主地流露出骄傲的情绪，所有这些不良情绪都会破坏交往中的和谐气氛。同学之间要做到平等相待并不是一件简单的事，它需要班级干部和辅导员的不懈努力，特别是班主任要一碗水端平，不要偏心。干部和教师能平等待人，同学之间的平等关系就容易建立和保持。

（二）团结原则

团结是人际关系的重要原则。一个安定团结的社会环境，对公民的工作、学习、生活都十分重要，没有安定团结的社会环境，什么事也干不了。团结作为一项原则，对培养人的高尚的道德情操，增强社会的凝聚力，促进社会的稳定，提高工作效率，促进人的身心健康，都十分重要。社会主义人际关系的团结原则，要求公民和睦相处，团结互助。当前，人们提出理解万岁的口号，便是人们发自内心的，要求相互理解、相互信任的一种心灵的呼唤。但是，这种信任和理解是相互的，要别人理解自己，首先要理解别人。坚持人际交往中的团结原则，要求每一位公民对他人要诚恳，为人处事要讲究方式方法，正确处理好人与人之间的利益关系，遇到矛盾多作自我批评。那种吹吹捧捧、拉拉扯扯、吃吃喝喝的作风搞不好团结，是虚伪的表现。从团结的愿望出发，经过批评和自我批评，从而在新的基础上达到新的团结。在人与人之间的团结和友谊方面，需要忠诚去播种，用热情去灌溉，用原则去培养，用谅解去护理。

（三）信用原则

信用是中华民族的最古老的传统美德，它同忠诚一样，受到历代文人墨客的称颂，被广大人民群众所推崇。它要求人们在交往中说真话、言必行、行必果。市场经济环境下，由于商业活动渗透到大学生的交友中，因此，他们的信用不但靠自己的道德力量来约束，而且还在一定程度上靠法律来约束。信用在交往中是极其重要的，它已经成为判断行为方向的一种前提，成为评价交友质量的一个标准。一个人是否守信用，可以通过相互交往获得检验。在交往过程中，交往双方都要对对方作出评价和选择，不守信用者终将被抛弃。交友信用的原则包括四个方面：一是守信，有约必到，有借必还；二是信任他人，不乱猜疑；三是不轻易许诺，实事求是；四是有自信心，待人诚恳，不搞虚假，不做表面文章。这些准则对于市场经济环境下大学生的人际交往具有现实的指导意义。

（四）互助原则

互助精神作为中华民族传统美德的一部分，在我国各族人民中间有着悠久的历史。社会主义人际关系中的互助精神，包括集体与集体之间协作互助的精神；集体与个人之间的互相关心、互相帮助的精神；个人与个人之间的互相体贴、互相照顾、互相帮助的精神。社会主义人际关系中的互助原则还体现在助人为乐、扶贫济困、见义勇为等社会风貌方面。

（五）开放原则

开放原则是指在人际交往中要以诚待人，主动表露自身的真实情况，如自己的身份、特长、兴趣爱好等。敞开心扉是对对方抱有诚恳和信任的态度。尽管世界上存在着穷凶极恶的人，但是绝大多数人都是善良的，开放原则正是建立在人性本善的基础上，相信只有以真诚的心对待别人，才会赢得别人的友谊和尊重。如果坚持人性本恶的观点，认为世界上的人都是凶恶的，时刻以防备敌对的心理来面对他人的善意，那么就不可能建立起良好的人际关系。

当然，向对方敞开心扉并不意味着将自己所有的秘密都透露给对方，而是在内心保留有自己的小天地。如果交往的双方完全清楚彼此的一切隐私，交往的过程就会变得索然无味，相反如果双方都有着秘密，这种朦胧感会使人的形象更加完美。

第二节　大学生人际交往能力的培养

大学生正处于学习知识、了解社会、探索人生的重要发展时期，也是从未成年人走向成年人，从校园步入社会，完成社会化任务的重要过渡阶段。这一阶段所要从事的主要活动都离不开与人的正常交往。大学生的主要活动都是在与人交往的过程中进行和实现的。大学时期的主要任务是为走向社会做专业基础准备，人际交往能力的培养也是必要的准备之一。大学生的人际交往不仅影响到其自身的成长和发展，而且对整个社会的发展也起到一定的作用。

一、大学生人际交往的常见问题

应试教育制度下的学生以学习成绩为唯一的评判标准，这就导致大学生在进入大学前将全部的精力都放在了学习上，觉得参与社会活动是浪费时间的行为，因而较少参与一些现实活动，社交能力普遍较弱。在进入大学后，部分大学生无法科学地评价自己，对自己在社会环境中的地位和角色也没有正确的认知，从而产生多种交往困扰，严重者甚至影响心理健康。通过日常工作中的接触和观察，大学生常见的人际交往困扰主要表现为以下八个方面：

（一）缺少与人交往的意识

这类学生由于受社会条件、自然环境或性格特征的影响，而形成一种孤僻心理，喜欢独处，不喜欢与他人交往，也不愿意参加集体活动，经常独来独往，沉默寡言，他们或是高度专注于自己的大学生活和人生规划，不屑于与他人交往，骄傲自负；或是对自己的生活完全没有规划，兴趣爱好比较少，性格内向，沉浸在自我的世界中不愿意敞开心扉。这样的学生往往感受不到人际交往带来的乐趣，缺乏合作意识，集体意识淡薄，容易形成网络成瘾、抑郁等问题。

（二）缺乏与人交往的勇气

大多数学生都希望与人交流从而摆脱孤独与寂寞，融入某一集体，被集体接纳，但是缺乏与人交往的勇气，产生羞怯心理，现实生活中这样的情况也较为普遍。我们经常会发现有的学生与亲近的家人、朋友交谈时滔滔不绝，但一遇到陌生人，或者在正式场合发言，就会语无伦次、面红耳赤，从而错失很多交往机会。羞怯心理的产生主要有两方面的原因，一个是先天遗传的神经活动类型，另一个是后天的心理发展状况，而后者是主要因素。很多学生过于自卑，神经敏感，害怕自己在众人面前暴露缺点，期望值与理想值过高，从而形成一种心理定势，容易陷入焦虑、抑郁等交往心理障碍的怪圈。

（三）缺少与人交往的技巧

受年龄及阅历等原因的限制，大学生的交往能力尚有很多不足之处，如与人交往的方法掌握得不够，缺乏与人交往的技巧等，由此引发沟通不畅，交流失败等问题。调查发现，部分大学生存在心理上的交往障碍，心胸比较狭隘，对比自己优秀的同龄人有着较强的嫉妒心理，敏感且脆弱，对于周围的世界有着防备，以为别人是怀抱着恶意才与自己交往，因而无法敞开心扉，真诚地与别人交往。即使勉强与别人交往，也会因对方无心的举动而觉得自己的自尊心受到了伤害，进而引爆内心的负面情绪，并且以歪曲的形态爆发出来，最后产生不愉快、敌视等问题。还有些同学虽然没有心理上的交往障碍，有着强烈的交往意愿，但是由于成长背景及价值观等方面的差异，导致他们不能正确理解和感知他人的情绪，或者面对他人时无法准确传达自己的情感，由此引发一系列焦虑、抑郁等心理问题。

（四）容易以自我为中心

现代大学生容易以自我为中心，在人际交往中，这种自我意识更为明显。具体表现在：他们贯彻着严以律人、宽以待己的理念，以超高的标准来要求别人，却以极低的标准来要求自己。无论是与同学交往还是在与教师的沟通交流中，几乎从不在乎别人的感受，做任何事都是从自我的角度出发，不会站在他人的立场进行思考，班级组织集体活动时也没有与其他同学合作的概念。这种以自我为中心的思想在大学生的人际交往中产生了极为不利的影响，最直接的后果是部分大学生在进入大学后无法适应群体生活，不得不休学或退学。

（五）交往中功利主义严重

在中国市场经济改革不断深化，就业压力日益增大，竞争日益加剧的情况下，大学生越来越重视人际交往过程中的物质利益。越来越多的大学生追求"有用就是真理"的实践价值。因此，在与他人交流的过程中，一些大学生盲目地强调自己的感受，只关注自己的兴趣，而另一些大学生则认为他们是实现自己兴趣的工具。一些学生将功利主义作为人际交往的指导思想，只与"有用的人"互动，而不与"无用的人"，善于深层交流的人互动。

（六）故步自封，抵触交际

当前，由于缺乏人际交往的领导能力，一些大学生习惯于独自一人，并将其视为"时尚"，在这种情况下，人际交往问题无止境。许多大学生由于缺乏交流和交流方面的实践经验而害怕人际交流，并且由于焦虑和自尊心弱而经常回避说话和避开同学。即使在与同学沟通的过程中，也很难表达出真实的感受和想法。许多大学生被封锁，常常不愿与人交流，这常常导致他们的性格偏执，导致大学生之间的人际交流危机。

（七）沉浸虚拟人情淡漠

在线虚拟交流是一把双刃剑，一方面，扩大了大学生的社交圈子，另一方面，大学生往往变得对现实世界和现实世界中的人际关系一无所知。大学生在现实世界中的人际交往存在问题，他们倾向于以强烈的主观能动性选择互联网上的虚拟互动来追求舒适和满足感，结果他们对真实的人际关系漠不关心并形成恶性循环，倾向于逃避。沉迷于互联网最终会导致不良的自我封闭和性格孤僻的现象，人际关系变得越来越冷漠和疏远。

（八）缺少知心朋友

这类大学生通常多能正常交往，人际关系也不错，但与周围很多人的关系都浮于表面，不能进入更深层次的交往，缺乏心灵的沟通，自感缺乏能互吐衷肠、肝胆相照、配合默契、同甘共苦的知心朋友，为此，有时不免感到孤独和无奈。

二、大学生人际交往常见问题的成因分析

（一）个人和家庭因素

1. 自身因素

阻碍大学生进行良好的人际交往的因素是多种多样的，总结起来主要包括以下六个方面。

第一，有些大学生内心有着优越感，觉得自己比其他人要优秀，总是以一副居高临下的态度来对待他人，在与他人交往中表现为好为人师，这种骄傲自大的优越感，一般不能被人接受。

第二，有些大学生内心有着自卑情结，总以为自己不如别人，在与人交往中缺乏自信，不敢表达自己的想法和意见，畏畏缩缩的表现常常被人看不起。

第三，部分大学生沉浸在自己的世界中，不愿意敞开心扉与他人交流，这种封闭自我的心理会给他人以高冷、难以接近的感觉。

第四，有些大学生的心胸不够宽广，总害怕别人超过自己，在与人交往过程中常以自我为中心，无法以欣赏的心态来看待他人身上的优点，对于比自己优秀的人，总是爱揭人短。这种交往心理给人惹是生非的感觉。

第五，有些学生的猜疑心比较重，总以怀疑的眼光来看待他人，这种交往心理常常误解别人。

第六，有些大学生性格急躁，遇到和自己不一致的意见时，喜欢争执。出现问题时容易激动，有时会将小问题激化成大矛盾，这种交往心理通常使人反感。

健康积极的社交心理是造就良好人际交往的关键因素。如果一个人内心阴暗，不懂得尊重和理解他人，那么他是不可能获得友谊的。有些大学生在人际交往出现问题时，不从自己身上找原因，反而抛出没有缘分等借口，都是片面、肤浅的说法。

2. 家庭教育的原因

有些大学生在做每件事时都保持以自我为中心的态度，他们缺乏理解、适应和照顾他人的意识。从儿童时代开始，父母就一直在严格地保护和控制，以至于他们缺乏人际交流和建立个人心理空间的机会，并且在面对人际关系问题时不知所措。

同时，作为构成社会的细胞，家庭在塑造和培养青少年人格中起着根本性的作用。家庭关系状况对大学生的心理健康有重要影响。离异的父母，单亲家庭或父母之间的紧张关系给孩子带来了不可磨灭的心理阴影，形成了不健康的性格。此外，随着社会经济的发展，家庭中的孩子数量很少，因此家庭中的长者更爱孩子，孩子们形成了更加鲜明的个性，形成了以自我为中心的感知力，缺乏分享感，难以考虑他人的感受。同时，由于生活环境和社会的飞速发展，青年学生在日常生活中与同龄人进行深入接触和交流的机会和时间有限，缺乏顺畅的沟通机制。有些学生比较内向，通常处于封闭的世界。对于大多数学生来说，大学生活是真正的小组生活。除了学习之外，在宿舍中与其他学生进行社交、小组活动、俱乐部活动等也需要良好的人际交往能力。这时，由于缺乏相关的生活经验和认知，无法有效解决群体环境中由于性格、工作和放松方式差异引起的偶然冲突，并且难以传达相应的情绪，这很可能成为人际交流的障碍。

（二）学校因素

当前我国的教育仍以知识传授为主，以成绩和升学率作为衡量学生和学校好坏的主要标准，对于学生能力培养方面明显不足。很多学校认为只要学生长大了，进入社会了，自然就学会如何与人沟通交流了。在这种教育理念的指导下，部分大学依然将学习成绩放在首位，虽然校内开设了思想道德教育的课程，但是校领导并不重视，反而以为只不过是种形式。由于学校忽略了对学生人际交往和沟通技巧的教育，导致学生缺乏交往技巧，不敢在公众活动中讲话，甚至面试时会出现紧张、恐惧情绪。

（三）社会因素

虽然现代不断提倡传统观念，倡导人们要以公义为重，但是不可否认的是，市场经济背景下，人们对金钱和财富的追求越发迫切。很多人将金钱作为唯一的人生目标，越来越追求名利。大学生年纪较轻，好奇心很重，容易接受新思想和新事物。在大学生的人际交往中不时可以看见功利主义的影子，从而在家庭条件较好的学生和贫苦学生中出现差别对待的现象。

（四）互联网时代的弊端

1. 网络社交影响大学生面对面交流的机会

随着互联网的迅速发展，手机、电脑的普及，各种聊天软件的出现，越来越多的大学生热衷于互联网人际交往，利用网络流行语和表情包增加线上聊天的情趣，拉近彼此的距离，设法替代现实交往的实时性和动态性。

然而，过度依赖网络进行人际交往，在现实中与他人沟通容易产生紧张，语言动作变得不协调，严重者甚至不想交流，畏惧交流，产生社交恐惧症。大学生即将步入社会，走上工作岗位，长此以往沉溺于网络社交而造成的现实交往障碍，终将影响与同事、领导的有效沟通，难以融入工作集体，对社会适应能力造成负面影响。

2. 网络社交存在交往对象隐匿的特征

网络社交所具有的虚拟性和匿名性的特质，使得网上的信息真假难辨。对于网络另一端的交往对象，人们根本无法判别他说的情况到底是真实的还是虚构的。大学生在进入大学前一直受家庭和学校保护，生活阅历较少，思想也比较单纯，很容易被网络交往对象的花言巧语所蒙蔽。

特别是涉及男女交往的网恋更是大学生受骗的重灾区。在网络这个虚幻空间里，大学生宣泄着内心对于至真至纯的爱情的向往，寻求着理想的灵魂伴侣。当他们无意间找到了能够理解自己的网络交往对象时，就会陶醉在与对方相见恨晚的情景中，觉得自己终于找到了理想的对象，并会毫无保留地信任素未谋面的网络交往对象。事实上，网络的另一端很可能是诈骗团伙根据大学生的特点专门塑造的虚假形象，有些大学生缺乏相应的分辨能力，从而坠入诈骗团伙的陷阱中，造成个人财产损失，甚至受蛊惑而误入歧途。

3. 新媒体环境可能使大学生人际交往信任度降低

新媒体技术就像一把双刃剑。一方面，它使人们之间的交流更加方便、快捷，依托于微博、QQ、微信等社交网站使得大学生的人际交往突破了时空的限制，可以随时随地地开展交往。如大学生们在毕业之后即使不在同一个地方工作，也可以通过社交软件保持联系，使得他们原本的人际关系得到更好的维护。另外在结交新朋友方面，新媒体也有着明显的优势，它跨越了语言和国家的限制，使得大学生能够有机会和国外友人进行人际交往，不仅拓展了他们的人际交往范围，而且间接提高了他们的人际交往能力。但另一方面，新媒体提供的交流平台具有明显的虚拟性，很多人以匿名的方式、多重身份进行交流，其中普遍存在言行失范、真实缺位等风险。"虚拟性"的交流取代了面对面的交流，以文字、图片等形式出现的非真实身份交流导致人际交往模式的改变，最终促使大学生的人际交往信任度降低。

三、大学生人际交往能力培养策略

人际交往贯穿大学生学习生活的始终，是大学生社会化过程的重要环节，也是大学生个体发展的基本需要。大学生要获得良好的人际关系，就有必要学习和掌握一些人际交往中的基本技巧，使自己能顺利地从学校走向社会，为尽快适应社会需要打下良好的基础。那么，作为当代大学生，应该掌握哪些交际技巧呢？

（一）明确人际交往的作用和意义

1. 人际交往是维护大学生身心健康的重要途径

（1）人际关系影响大学生的生理和心理状况

处于青年期的大学生，思想活跃、感情丰富，人际交往的需要极为强烈，人人都渴望真诚友爱，大家都力图通过人际交往获得友谊，满足自己物质和精神上的需要。但面对新的环境、新的对象和紧张的学习生活，一部分学生由此产生了剧烈的心理矛盾。此时，积极的人际交往、良好的人际关系可以使人精神愉快，情绪饱满，充满信心，保持乐观的人生态度。一般说来，具有良好人际关系的学生，大都能保持开朗的性格，热情乐观的品质，从而正确认识、对待各种现实问题，化解学习、生活中的各种矛盾，形成积极向上的优秀品质，迅速适应大学生活。相反，如果缺乏积极的人际交往，不能正确地对待自己和别人，心胸狭隘，目光短浅，则容易形成精神上、心理上的巨大压力，难以化解心理矛盾。严重的还可能导致病态心理，如果得不到及时的疏导，可能形成恶性循环而严重影响身心健康。

（2）人际交往影响大学生的情绪和情感变化

处于青年发展期的大学生，正处在人生的黄金时代，在心理、生理和社会化方面逐步走向成熟。但在这个过程中，一旦遇到不良因素的影响，就容易导致焦虑、紧张、恐惧、愤怒等不良情绪，影响学习和生活。实践证明，友好、和谐、协调的人际交往，有利于大学生对不良情绪和情感的控制和发泄。

大学生情感丰富，在紧张的学习之余，需要进行彼此之间的情感交流，讨论理想、人生，诉说喜怒哀乐。人际交往正是实现这一愿望的最好方式。通过人际交往，可以满足大学生对友谊、归属、安全的需要，可以使大学生更深刻、更生动地体会到自己在集体中的价值，并产生对集体和他人的亲密感和依恋之情，从而获得充实的、愉快的精神生活，促进身心健康。

（3）人际交往影响大学生个体社会化过程

人际交往是一个人实现社会化的重要起点，也是一个人实现社会化的必然过程。"一座山不见得需要另一座山，但是，一个人一定需要另一个人。"这一句西班牙谚语强调的正是人际交往的重要性。抗日战争时期，山东农民刘连仁被抓去日本北海道做苦工。他逃进深山老林，过了13年穴居野人生活，1958年被解救，却一度丧失了说话能力。可见，一个人长期脱离正常的人类社会，失去与社会的人正常交往的机会，无论是成人还是孩子，都将丧失一个正常人应有的基本的社会属性，失去在正常的人类社会中生存的基本能力，对于大学生来说，良好的人际关系有助于大学生个体社会化过程的顺利进行。

2. 人际交往是大学生成长成才的重要保证

（1）人际交往是交流信息、获取知识的重要途径

现代社会是信息社会，信息量之大，信息价值之高，是前所未有的。人们对拥有各种信息和利用信息的要求，随着信息量的扩大也在不断增长。通过人际交往，我们可以相互传递、交流信息和成果，使自己获取经验，增长见识，开阔视野，活跃思维，启迪思想。

（2）人际交往是个体认识自我、完善自我的重要手段

古人说："独学而无友，则孤陋而寡闻"。人际交往可以帮助我们提高对自己的认识，以及自己对别人的认识。在人际交往的过程中，彼此从对方的言谈举止中认识了对方，同时，又从对方对自己的反应和评价中认识了自己。交往面越宽、交往越深、对对方的认识越完整，对自己的认识也就越深刻。只有更加全面地认识他人，更加深刻地认识自己，才能得到别人的理解、同情、关怀和帮助，自我完善才可能实现。

（3）人际交往是集体成长和社会发展的需要

人际交往是人与人之间的一种互动。良好的人际交往能力是积极向上的，反之，则不利于个体的全面健康地发展。人际交往是协调集体关系、形成集体合力的纽带。而一个良好的集体能促进青年学生优良个性品质的形成。如正义感、同情心、乐观向上等都是在民主、和睦、友爱的人际关系中发展起来的。良好的人际关系还能够增进学生集体的凝聚力，成为集体中最重要的教育力量。

（4）人际交往影响大学生事业的成功

"天时不如地利，地利不如人和"。美国学者卡耐基指出：在现代社会，一个人事业的成功，只有15%是依赖自身的素质，85%则取决于人际关系[1]。美国哈佛大学就业指导小组曾对几千名被解雇的人员进行综合调查，发现其中因人际关系不好而离职的比不称职而离职的人高出两倍多；每年调动工作的人员中，因人际关系不好无法施展其才华的占90%以上。根据管理学家的估计，80%的人在工作上的失败，不是因为他们的专业技术不够精湛，能力或工作积极性不够，而是他们无法与他人一起工作，无法与人好好相处[2]。有能力的人很多，但心态好的

---

① 张卫宇. 大学生心理健康与心理辅导研究 [M]. 徐州：中国矿业大学出版社，2013.07.

② 张卫宇. 大学生心理健康与心理辅导研究 [M]. 徐州：中国矿业大学出版社，2013.07.

人不多。可见，良好的人际关系是一个人事业成功的重要条件。

（二）保持良好的人际交往态度

在人际交往中，人无时无刻不在觉察他人的态度，也无时无刻不在对他人表现出某种态度。态度作为一种比较固定的心理反应倾向，是因对象的不同而异的。如对父母尊重，对孩子呵护，对朋友推心置腹，对心怀叵测者有所防范。同时态度又总是指向并倾注于某个对象，因此态度可能导致交往对象做出相应的反应。对人态度和蔼、真诚、坦荡，会使人产生安全感而亲近之；反之，则会让人疏远之。因此态度在人际交往中具有举足轻重的地位，它直接影响着人际关系，甚至决定着人际交往的成功与否。大学生在人际交往中应该保持良好的交往态度。

谦虚诚恳的态度会使交际对方感受到你的诚意，同时也看到你良好的修养。如果是第一次见面，很容易给对方留下较好的第一印象，为彼此之间的进一步交往打下基础。

热情大方的态度是人的一种良好修养，本身就意味着待人热忱，尽心尽力。热情要发自内心，关键是在内心要对他人有一种友好的感情；热情也要掌握一定分寸，过分则会让人感到轻浮。因此在交际过程中要既热情又不失大方庄重，给人留下美好印象。

在交际过程中，主动积极的态度很重要。两人见面，主动问候并进行自我介绍，会很快消除他人的戒心，赢得对方的友好回报；交往双方产生误会，主动消除误解，表现诚意，能进一步促进双方的友好关系。

在人际交往中，有时候会遭遇对方的不友好或有意刁难，或想以气势、权势来压人，此时首先应保持冷静的头脑，面对压力，从容机智地应对。决不能因畏惧而卑躬屈膝，一味逢迎，否则会使对方轻视你而无法交往；更不能因头脑发热而造成难以弥补的后果。不卑不亢的态度在求职时尤其重要。

（三）树立良好的个人形象

我们每个人都希望自己在人际交往中是受欢迎的。"爱美之心，人皆有之"。虽然我们无法改变天生的容颜，但是我们可以提升自身素质来增加内在美。常言道："相由心生"。当一个人具备高尚的素质，焕发出的人格魅力一定是令人无法抗拒的。大学生与人交往时应树立良好的个人形象，通过自觉加强学习和修养，不断提高自身的综合素质，努力增强自身的内在人格魅力。

1. 应穿戴整齐

整洁的仪表、干净利落的风格能够展示一个人的魅力，穿着得体并不是穿得贵重，穿得花枝招展；昂贵的服饰并不一定适合每个人的气质、身份和地位，唯有得体、朴实和大方永不过时。着装得体需要具备一定的文化素养和审美修养，从更深层次讲，它是反映一个人内在气质和文化修养的窗口。一个衣着不整、举止粗俗的人，很难赢得对方的好感，更无法获得他人的尊重。

2. 要有优雅的风度

在生活中，我们总是对那些热情友好、彬彬有礼、言谈举止得体的人抱有好感，而对行为粗鲁、言语庸俗的人怀有厌恶。从形式上看，个人的举止、风度只是人际交往中的一种表现形式。从本质上看，它是一个人内在品质的反映，它反映着一个人的兴趣、爱好、情感、性格以及他早已习惯了的社会习俗。优雅的举止、文明的言谈不仅是人际交往中的礼节性规则，而且也是源自内心的真诚和对他人的尊重与关爱。

3. 言行礼貌，态度诚恳

交往过程中，言行要礼貌，态度要诚恳，实事求是，不言过其实。要平等待人，无论交往对象地位高低，资历深浅，都要热情谦逊，把握好分寸，体现出大学生应有的风采。以诚相待是建立良好的人际关系的基础。与人交往时，要敞开胸怀，相信对方，真诚交流，还要注意讲信用，守时间，做到"言必信，行必果"。

（四）提高与人交谈的技能

1. 善于聆听

善于聆听是交际中的一项基本功。越是善于聆听别人意见的人，人际关系越理想，交谈效果越好。聆听是褒奖对方谈话的一种方式。耐心聆听能在无形中提高对方的自尊心，加深彼此的感情。反之，对方还没有把话说完，你就听不下去了，这最容易使对方的自我意识受挫。

2. 善于表达

无论在任何时候，与人交往都必须借助语言。语言是直接表达自己的感情、沟通思想、传递信息的重要工具，语言艺术会直接影响大学生与人交往的效果，善于"讲"是一项非常重要的交际艺术。作为 21 世纪的大学生，充分运用语言艺术，展现个人的才能，一定要掌握以下要诀：与人进行语言交流，要善于寻找话题，激发他人参与的热情，语言要准确、精练、中肯、切题、有条理。讲话时态度要真诚热情，达到沟通心灵、互相交换思想的目的。在群体场合应照顾到在场的每个人，不要伤害别人。讲话还要因时因地制宜。注意语言表达效果，掌握分寸，区别对待。对于不同的谈话对象，说话者的态度、语气、表情乃至使用的词语都应该有所区别。

3. 避免争论

大学生喜欢争论，但争论往往是在互不服输、面红耳赤、不愉快甚至演化成直接的人身攻击或在严重的敌意中结束，这极易导致人际关系的恶化。因此，大学生要尽量避免争论，要通过讨论、协商的途径解决分歧。语言艺术运用得好，能调动彼此交谈的激情和兴趣，促进人际关系的协调发展。

4. 讲究语言艺术

语言艺术是指通过语言交谈来传递信息、交流情感，并达到和谐相处的目的的技巧和方法。灵活地运用语言艺术，可以吸引交往对象的注意，引起对方的兴趣，营造融洽的交往环境。

讲究语言艺术要把握说话的分寸，尽量用简洁明了的语言表达思想，不翻来覆去、含糊其词，以避免不必要的误解；说话要注意气氛和场合，褒贬讲究语气和措辞，如赞扬要符合实际、恰如其分，批评要尽量委婉、易于接受；在交谈过程中要给对方发表意见的机会，不随意打断对方的谈话，称呼要亲切、得体，善于使用必要的礼貌用语，交谈过程中应以友好、热情、礼貌和谦虚的态度表现出对交往对象的尊重和耐心。

5. 掌握行为规范和体态语言

肢体的动作、表情、神态等都是在人际交往过程中沟通的重要方式，可以具体地表现一个人的交往风度。

在日常的人际交往过程中，大学生应该注意规范自己的行为，使用得体的体态语言。在坐下、站立和行走时要保持端正的姿态，不能太过懒散，也不能太过做作或者拘谨；在与他人交谈时要注意面带微笑，保持专注和耐心，以体现自己对他人的尊重；在进行一些礼节性的社交行为的时候（如点头和握手），要注意保持适当的距离，不要过于亲密或者过于讨好，避免他人产生误会；还要注意对自己的情绪进行调整和控制，避免做出一些令人尴尬的事情。总而言之，在交往过程中要自然得体地运用体态语言。

6. 增强人际吸引力

人际吸引包括七个基本原则：时空接近原则、外貌吸引原则、态度相似原则、需求互补原则、喜欢回馈原则、熟悉习性原则和能力崇尚原则。人与人之间的吸引力越大，相互之间越容易形成良好的人际关系。因此，大学生应注意从各个方面完善自己，不断积累自己的知识，注重自己的仪表服饰，规范自己的行为，提高自身的素质；要以接受的心态去对待他人，保持宽容、诚恳的态度；常换位思考，从不同的角度去体会他人的心理感受，善于理解他人；使人们的心理需求得到最大限度的满足，不断增强人际吸引力，以促进友好、亲近的人际关系的形成。

（五）发挥无声语言的魅力

大学生除了通过语言进行交流外，表情、目光、手势等无声语言在相互的交往中常发挥着语言无法比拟的作用。无声语言是一种内心情感的表达，贵在自然、习惯。

表情是人心理状态的外在表现，是大脑皮层受到外界各种客观事物刺激后，在人体外部的一种情感体现。通过表情的流露，大学生可以传递交往中语言表达的未尽之意，增进相互的感情。在交往中，大学生既要善于表达感情，又要善于控制表情，在适当的场合，针对适当的群体，表露适当的表情。

目光在交谈中可以维持双方的联系，使交谈双方疏远的各种因素能够通过目光加以抵消。因此，在人际交往中，眼神的作用万万不能忽视。目光的诚挚来自心地的纯、真、正。正视表示庄重，斜视表示轻蔑，仰视表示思索，俯视表示羞涩。目光的方向，眼球的转动，眨眼的频率，闭眼的时间，这都表示一种意思，也都能流露一种感情。如果在交谈中，目光左右顾盼，对方就会立即感到你心不在焉。沉默时，眼睛时开时合，对方就会猜疑你已厌倦谈话。所以，平时应经常培养目光正视的良好习惯，改正不良习惯，运用各种眼神辅助有声语言的表达。

手势也是表情达意的有效方式，有时它能比面部表情表达更复杂的意思。从对方谈话时的手势变化，人们可以准确地理解对方的意图，了解对方的个性、脾气，有助于更好地掌握谈话人的真实目的。但是，手的动作如果不加注意或过于随便，也容易失礼。如当着客人的面挖鼻孔、抹鼻涕等。因此，大学生在日常生活中，要不断地锤炼个人修养，注重言行举止，做文明、高雅的人。

人际交往是一门复杂的学问，大学生要想真正学会这门艺术，除了掌握一定的人际交往技巧之外，更为重要的是必须积极参加社交实践，在实践中不断学习，这样才能使自己的交际能力得到长足的进步。

（六）建设专业化的辅导员队伍

辅导员队伍的素质和专业水平直接影响着大学生思想政治教育的实效。在大学生的平时生活中，会遇见各种各样的人际交往问题，怎么样才能处理好生活和学习中的同学关系，宿舍关系，恋爱关系以及职业生涯规划问题等一系列问题，需要老师的专业性的指导。生活中经常会出现不和谐的因素，面对不同性格和不同年龄的学生，需要老师深入学生中间，了解学生共性和个性的需求，根据学生年龄和心理特点，有针对性地指导学生，引导大学生更好地处理人际关系中遇见的问题，不断提高大学生自身修养，而这就需要专业化的教师队伍。通过专业教育和培训培养，系统地学习思想政治教育学、社会学、法律学和心理学等专业知识，打造一支专业素质过硬的辅导员队伍，更好地培养合格的接班人。

（七）加强校园文化建设

校园文化是学校在历史进程中演绎的产物，是学校特色和魅力的体现。对于高等院校而言，校园文化的重要性更是不言而喻的，可以说，校园文化是一所大学的灵魂。不同高校有着不同的校园文化，在校园环境风格、全校的精神气质、人际关系、教书育人的气氛等方面都有着显著的差异性。校园文化对学生成长所起的作用是不可估量的。良好的校园文化对于激发大学生潜能，引导大学生更加健康的发展有着正面的引导作用。有关研究表明，互相尊重、互相关爱、民主和谐的人际关系有助于学生良好精神相貌和安康心理素质的形成；丰富多彩、安康向上、寓教于乐的校园文化活动更有助于学生个性特长和创新才能的培养。为此高校要加强对校园文化的宣传教育工作，以校刊校报、宣传栏为载体，打造师生认同的主流校园文化。同时开展丰富多彩的校园活动，通过篮球赛、拔河和足球赛等集体活动增强学生的集体荣誉感和凝聚力；通过演讲比赛等活动锻炼学生的表达能力；通过主题班会加强学生间的沟通交流。丰富的活动还可以避免学生沉迷虚拟网络之中，培养良好的生活方式。

宿舍是学生的第二个家，整洁、优美、富有教育意义的宿舍环境有益于学生情感的陶冶，心灵的美化。为此高校要充分认识到宿舍文化建设的必要性，大力开展宿舍文化建设。高校可开展宿舍装扮活动、文明宿舍评比等活动，引导学生树立正确的价值观念，同时提高学生的集体荣誉感。

（八）完善心理辅导和咨询体系

面对有人际交往困扰的学生，可以通过个别辅导和团体辅导相结合的方式进行干预和引导。通过个别辅导来帮助学生分析困扰产生的内源性和外源性因素，有针对性地给出合理建议，提出具有可操作性的具体解决方案；通过团体辅导为学生提供交往的环境和机会，在模拟的社交情景中，学生尝试各种交往方法来达到沟通交流的目的，从而提高人际交往能力。同时还可以通过开展相关心理卫生讲座、社交专题讲座等方式帮助学生正确认识自我、科学看待心理困惑，并帮助学生掌握一定的人际交往技能。

（九）丰富人际交往平台

课外活动是大学生丰富课余生活，提高社交能力，促进身心健康的重要途径。学校在充分考虑自身条件的情况下，可以开展丰富多彩的校园文化活动和社会实践活动，吸引更多的大学生主动参与到活动中去，增加人际交往的机会，丰富交往平台和途径，通过实践来增强人际交往能力。同时因人际交往问题而产生心理困扰的学生也可以在实践活动中转移注意力，得到心灵上的释放。

（十）维系积极网络交往状态

首先，新媒体环境中，互联网已然成为大学生不可或缺的交往工具，大学生使用互联网与之前的朋友、同学保持友好的关系，有助于缓解他们对于新环境的焦虑感，能够以积极阳光的心态面对相对陌生的大学生活，为此高校应发挥网络社交的辅助性作用，对于大学生良好的网络心理行为给予支持和鼓励，帮助学生协调现实交往与网络交往的关系。

媒体上经常会报道大学生引起的恶性伤害事件，究其原因，多是由于个别大学生长期陷入网络游戏的状态不能自拔，这种不适当的网络交往影响身心健康，缺乏人与人之间本该有的实际接触，形成凡事以自我为中心，甚至用网络游戏的角色塑造现实的自我，养成将自我凌驾于他人和社会之上的思维习惯。针对大学生过于依赖网络交往，由此引发的自我封闭和抑郁，导致社会融合度降低等问题，学校要认真对待，采取生生互助、师生交流等方式进行干预。学校要对大学生使用网络的频率和目的、是否正确使用网络进行人际交往定期进行调查研究，帮助大学生树立网络交往是现实交往延伸的健康人际交往观念，进而让学生理性使用互联网，鼓励学生在现实生活中扮演好自己的角色，承担起自己的责任，以积极的态度参与网络社交。

其次，网络交往是在高科技手段构建的虚拟空间实现的，网络交往中的内在攻击性更加的隐晦。大学生处于身体发育逐渐成熟，精力充足、好奇心强、接受能力强、情感丰富、渴望友谊和交流的阶段，由于网络安全知识的匮乏，导致大学生成为网络诈骗的主要对象。加强网络安全知识的学习是保障大学生理性进行网络社交的前提。客观看待网络交往对象的言行，拥有对网络社会的分析辨别能力，是互联网时代大学生规避网络风险和避免网络成瘾的重要品质。

高校可通过开设网络安全知识主题讲座、举办与网络安全相关的知识竞赛，不定期开展班级会议和网络交友道德教育，通过多种手段不断强化大学生防骗意识。对于情感和财产已经受到损害的同学，学院及班级应组织成立帮控小组，对其进行心理安抚和疏导，监督其通信设备中软件的安装和支付软件的正常使用。

最后还要加强网络监督管理，引导学生正确认识网络人际交往。大学生与网络有着密切的接触，无论是学习中还是生活中都会运用网络，但是需要注意的是，由于网络具有虚拟性，如果轻易相信网络信息，则会出现一些负面效果，甚至有的学生在被骗后对周围的人和事缺乏信任度，这样对于人际交往能力的提升极为不利。在这样的情况下，高校应该加强网络监督管理，减少一些社交网站上出现的不良信息，并且要对学生学习中常用的 QQ 群、微信群等进行排查，将其中没有进行实名认证的用户进行剔除。另外，高校还需要注重提升学生的新媒体素养，让学生能在网络世界中杜绝发布虚假信息，以及对不实信息进行举报，这样对于营造良好的网络人际交往环境具有重要意义。

（十一）培养成功交往的心理品质

能够促进交往成功的心理品质有很多，如自信、真诚、信任、幽默、热情等等，如果能将这些心理因素加以合适地运用，就能帮助大学生更好地与他人进行人际交往。

1. 自信

自信可以帮助我们在与他人的交际活动中表现得不卑不亢、从容大方；与此同时，还能帮助我们克服内心的羞怯等情绪，敞开心胸地和他人进行主动的交往；此外，自信还能让我们的身心处于一种轻松的状态，从而在交往中保持精神的饱满。自信的人往往会用积极的心理来暗示自己，对自己的社交能力有信心，相信自己能够顺利地与他人交往，所以自信的人的自身吸引力会更强，更容易得到他人的好感。

2. 热情

在人际交往中，热情是最能打动人和感染人的特质之一。充满热情的人能够给人温暖和关怀，能够融化冰冷、打破尴尬的气氛，使气氛融洽，使交往对象感到愉悦。大学生要培养热情的性格，就要从心底里接受他人，真心地喜欢他人，真诚地关心他人和理解他人，养成为他人着想的习惯，并适时地给予他人帮助。充满热情的人，同样会得到他人的关怀和友爱。

3. 真诚

真诚是一种心灵的交流，是一种无私的付出，也是一种高贵的品质。大学生在人际交往中应热情地关心和帮助他人，对朋友的成绩和优点给予积极的鼓励，对他人的不足和缺点给予诚恳的建议，要以真诚为纽带，拉近彼此的距离。与此同时，还应做到心口如一、胸怀坦荡，避免阿谀逢迎、口是心非，建立纯洁和真诚的人际关系。

4. 信任

信任指的是在交往过程中，对他人的言行和动机采取积极和信任的态度，相信对方是真诚的，不对他人的举动或者行为妄加揣测，将自己的心理防线尽量降低。通过这种方式，对方就能感受到你的真诚，从而对你产生安全感和信赖感，拉近双方的心理距离。

5. 克制

克制指的是在交往过程中有效抑制自己产生的情绪和冲动。人与人相处的过程中，无可避免会出现一些摩擦和矛盾，如果可以对自己的冲动情绪进行克制和调节，就能实现"化干戈为玉帛"的效果。总而言之，在与他人进行人际交往的过程中，大学生要保持自信和热情的态度，不断提高和完善自己的综合素质，丰富自身的内涵，善于实践和反思。

6. 幽默

美国一位心理学家说过："幽默是一种最有趣、最有感染力、最具有普遍意义的传递艺术。"[①] 幽默对于人际交往来说有着重要的作用，可以把它当作人际交往活动的润滑剂。在交往过程中使用幽默的语言可以活跃气氛，让交往双方都处于一种轻松愉悦的状态，有效地缓解交往时尴尬和紧张的情绪，促进人际交往的成功。此外，培养幽默的品质对个体的身心健康都有益处。要想培养幽默的品质，首先，要有深厚的知识积累，从而在交谈中发挥自己的想象，用幽默的话语表达自己的想法；其次，要胸怀广阔，对生活保持乐观和热情，培养开朗自信的性格；最后，还要有高尚的品格以及坚定的意志，对他人的错误保持宽容，以幽默的方式进行化解。

第三节　大学生人际交往调适

一、自卑

对于一个人来说，自卑通常是其由于自身一些生理或心理上的缺陷而觉得不如他人所产生的情绪。自卑会对一个人的行为产生极为严重的负面影响，在人际交往中会表现为不够自信、不够积极、不善于表达自己的感受等等。自卑是人们产生社交恐惧的最直接的原因。导致自卑的原因是多方面的，对自己没有足够的认识，对自己期望值过低，性格内向，经历过很严重的挫折，等等。

（一）自卑的成因

从高中到大学，在众多优秀同学的对比之下，曾经在学习上名列前茅的学生一瞬间成了极为普通的人，这种身份上的落差会引起学生极为强烈的心理变化，极易因此产生自卑心理，又因为现如今的很多大学生的性格十分内向，在高中的

---

① 方乐平，夏晓军. 能言善辩：现代人必备的素质 [M]. 西宁：青海人民出版社，1993.

时候，紧张的学业暂时掩盖了他们性格上的缺陷，升入大学后环境改变了，大学对于学生的要求发生了改变，在高中的时候的内向性格并不能很好地适应大学的生活，在不断适应中不断地碰壁，很多同学会将自己遭遇失败的原因归结于自己能力不够，这种认知将会使学生不再相信自己的能力，不再期望参加之后的交往活动，逐渐产生自卑的心理，又因为有自卑心理，大学生不再乐于与其他同学进行交往，不敢再去参加交往活动。

（二）如何克服自卑心理

1. 全面认识自我，充分肯定自我

自卑者有一个共同的特点：让他说说自己的长处，往往说不出来，但如果要他说说自己的短处，他就会说出很多；对于别人给他指出的长处，他往往也不能很好地接受。因此，自卑者要走出自卑的心理阴影，就必须转变看待自己的视角，善于发现自己的长处，肯定自己的成绩。既要看到尚待完善的方面和今后努力的方向，又要看到已经取得的成绩和拥有的优势。

2. 改变不合理的观念

自卑的人往往存在一定的认知偏差，并且是习惯性的思维模式。我们要帮助他们学会正确归因，要正确认识自己，一次失败并不能否认自己的能力，对失败的原因进行深入探究，毕竟失败的原因多种多样，其不一定是由于自身的能力不足造成的。人生在世，不如意的事常常会有，重要的是能正确面对挫折和失败，总结经验教训，而不是消极应对和情绪化反应。

3. 积极的自我暗示与自我激励

相信"天生我材必有用"，理解人与人之间因特长、能力差异而导致的优势不同，善用自己的"长板"，怜惜自己的"短板"，不苛求自己，可以经常想自己的成功瞬间，这些通过自己努力而成功的事情可以增加自己的信心。

二、猜疑

猜疑是由于心理失调而引起的心理变态，这种心理属于不符合事实的臆测。这种心理的产生主要是因为对自己的不自信以及对他人的不信任。一般情况下，短暂的猜疑不会影响人际关系，只要好好沟通就能解开误会，但是极端的猜疑就

是一种极端的病态心理，主要表现为害人害己，严重影响猜疑者的心理健康。经过研究发现，如果一个人长时间地对他人处于一种不信任的状态，他就会长时间地紧张与焦虑，不再有安全感，甚至会引起内分泌失调。长时间地猜疑之后，甚至会诱发当事人的各种疾病，使其生理与心理都遭受严重的损害，最终会导致悲剧发生。值得注意的是，在生活中，极端猜疑的人会逐渐发展成具有攻击性的变态人格的人，对于他人有着很强的攻击性，最终害人害己。

（一）猜疑的成因

猜疑心理产生的原因是缺少人与人之间的信任感，一般情况下，真诚与信任是拉近人与人之间的距离的有效工具。对于那些有猜疑心理的人来说，虽然会怀疑一切，但是实际上是不自信，以及害怕遭受交往挫折，如果个体曾经在交往中被他人伤害，就有可能在之后的人际交往中产生一定的猜疑心理，这么做是为了防止之后自己再次受到伤害。

（二）如何克服猜疑心理

① 时刻反思自己的人际交往，确保不会使猜疑心理经常出现。当自己开始怀疑别人时，立即寻找产生怀疑的原因。

② 积极肯定自我，悦纳自我，增强自信心，提高个体的自我价值感，正确认识自己和他人，相信爱和善意是与人相处的力量。

③ 及时沟通，解除疑惑。当我们在交往过程中产生疑惑时，不妨冷静思索，通过恰当的方式与对方沟通，谈谈自己的感受而不是苛责对方。理解自己也理解他人，人与人之间的沟通其实都是从误解开始的，每个人都是基于自己的角度去理解别人，这样的理解往往过于主观，从而容易错误地理解别人的真实用意，如果能设身处地地多从别人的角度去理解，那么彼此的沟通就会非常融洽。

三、嫉妒

嫉妒指的是一个人对于在一些方面优于自己的人所产生的不愉快甚至怨愤的心理，值得注意的是，社交嫉妒感会严重影响到大学生的人际交往。

（一）嫉妒的成因

嫉妒的产生一般是因为在童年时期的家庭教育中被溺爱，养成了强烈占有欲的性格，在长大后会经常与他人进行对比，一旦别人不如自己就会沾沾自喜，如果自己不如别人就会愤怒甚至产生攻击的心理。值得注意的是，这种心理属于一种十分畸形的攀比心理，当事人极度渴望被人赞赏，难以接受别人比自己更优秀的现实。这种心理的产生是因为个体无法接受自己的不足，这是一种自卑心理，但是当个体无法排解这种无力感的时候，就会将过错转嫁给别人，将自己的失败归咎于他人的成功。

（二）如何克服嫉妒心理

1. 发挥嫉妒的正向作用

人们总是能够从别人身上发现优点，以此来判断自己在这一个群体中处于什么样的位置，对于一个成功的人来说，只有时刻将他人的优点作为自己的标杆，充分利用自己的嫉妒心理，不断努力超越目标，承认别人的优越，承认差距的存在，才能重新认识自己，发现自己的价值。

2. 正确评价自己，纠正自己的内心偏差

嫉妒是以自我为中心的产物，只有克服以自我为中心的思想，才能很好地姿纳别人的进步和成长，不要将别人的成功和自己的失败画等号。我们既要主动学习他人的长处，同时也要看到自己的优点，只有这样才能保持心理的平衡，不因别人的成功而沮丧。

3. 学会转移，善于进行自我情绪宣泄

保持良好的心态，化消极的嫉妒心为积极的进取心，力求赶上对方，弥补自己的不足，积极寻找生活中的乐趣，培养开放、自由、乐观的心态，让包容的人格魅力吸引更多志同道合的朋友。

四、孤僻

（一）孤僻心理的定义

孤僻的外在表现就是不合群，难以与其他人保持一种和谐的关系，经常是单

独一人的状态，这种人一般情况下是内向型的性格。值得注意的是，孤僻的人大多数都有着极强的猜疑心，这种人缺少与朋友之间的友谊，难以感受到生活的美好，经常会表现出消沉、颓废的负面情绪。

（二）如何改善孤僻心理

1.确定有效的价值目标，培养自信心

存在孤僻心理的人，自我封闭十分严重，如果要解决这一问题，可以通过将对自我的过分关注转移到其他方面，这样就可以有效地缓解孤独感对自己内心的影响。主要可以通过设立一些目标来实现，在完成这些目标之后就能够有效地提升对自身的认可程度，有效增加与他人交往的兴趣。首先，需要认真地审视自我，找到自己的闪光点，发挥自己的价值，找到自己的位置，付出自己的努力；其次，要选择合适的时机激励自己，不轻言放弃；最后，相信自己，肯定自己，努力提升自己的交际能力。

2.积极推出自己，融入集体

经过观察可以发现，一般情况下，孤僻的人可以分为两种。第一种是排斥别人了解自己，只待在自己的世界里，不屑于与人交往，为显示自己的个性，故意封闭自己。第二种是虽然很愿意与别人交往，但是出于自身的原因，会慢慢地被他人孤立，直至孤单一人，最终走向了自我封闭。这两种孤僻的人都必须认识到自己的问题，孤僻对于自己的危害，要努力地融入集体，积极地参与活动，使得更多的人了解自己，直至慢慢摆脱孤僻的世界。

五、异性交往障碍

（一）异性交往障碍的定义

对于大学生来说，两性之间的交往是他们十分迫切的愿望。但是当代大学生因为各种影响，使其十分惧怕与异性交往，最终导致当代大学生在面对异性的时候出现既渴望又惶恐的心理状态，在长久的压抑下，逐渐形成了异性交往障碍。异性交往障碍指的是因为内心极度渴望与异性接近，但是在异性面前又会表现得十分紧张与恐惧的状态。对异性的恐惧一般情况下表现为不敢与异性进行眼神的接触，不敢与异性进行交谈，一旦与异性交流就会出现面红耳赤，言辞紧张，浑

身出汗等情况，因此一次次失去与异性交往的机会。

（二）异性交往障碍的成因

在大学生活中，一些同学的性格内向，封闭自我，很少与异性进行交流，这种隔阂就导致其对异性有一种天然的神秘感与陌生感，最终恶性循环，更加不敢靠近异性。更为重要的是，异性交往障碍还有一部分原因归咎于家长，这是因为在我国对于青少年的性教育总是讳莫如深，封建思想还有残余，家长并不能给孩子一个正确的指导，有时对于女孩来说，经常被灌输"男女授受不亲"的思想，这也成为大学生与异性交往的一道无形的障碍。还有一部分大学生的异性交往障碍是因为在从前与异性交往的经历中被伤害，由此对异性产生了防御心理，不再交付信任。

（三）如何克服异性交往障碍

1. 进行异性交往技巧的学习

① 可以主动与异性进行交流，突破自己，从最简单的交流开始。

② 锻炼自己的语言能力，对于很长时间没有与异性进行交流的人来说，突然与异性进行交流会难以组织语言，这就需要在平时多进行练习，提升自己的语言水平。

③ 抛却封建糟粕思想，对待异性要表现出自己的真诚与礼貌。

2. 塑造良好的性格，增加对异性的吸引力

性格是具有可塑性的，塑造良好的性格，改善自己，培养自己的能力，在面对异性时要做到真诚、热情、给予对方信任，如果想要与异性交往，可以直抒胸臆，这样可以减少对方对自己的防备。

第七章 大学生的恋爱心理与辅导

由于大学生的生理发育进入了成熟期，渴求接触异性，了解异性并建立恋爱关系，本章主要介绍了恋爱心理的基本情况，同时对大学生恋爱特点、问题及调适进行了深入分析。

第一节 恋爱心理概述

一、什么是爱情

爱情是男女之间人际吸引最强烈的具有浪漫色彩的形式之一，是指个体性心理成熟到一定时期，对异性个体产生的有性吸引力和浪漫色彩的高级社会情感。爱情是以正常生理发展为基础的具有强烈的相互吸引力和愉悦体验的高级情感。

爱情是人的自然属性和社会属性的统一。爱情的自然属性在于它是以性欲、性心理为自然基础并由此而发展起来的；爱情的社会属性是指男女双方相互关心、相互欣赏和倾慕，自愿结合为一体而且具有排他性的情感。男女双方培育爱情的过程则称为恋爱。著名的社会心理学家斯滕伯格提出的爱情三角理论是目前最重要且人人熟知的理论。他认为人类的爱情虽然复杂多变，但都是由动机、情绪、认知三种成分组成。动机、情绪、认知各自在两性间发生的爱情关系，分别称为激情、亲密与承诺。

激情是情感表现的一种激烈的方式，常常出现在个体受到强烈的刺激或者突然的变化之后，特点是迅猛、激烈、难以抑制等等。在激情的控制下，个体的身心常常可以迸发出极大的潜力。爱情中需要激情，激情可以为爱情提供能量，缺乏激情的爱情会缺乏发展的动力以及浪漫和美好的感受。

亲密是恋爱双方的内心经过碰撞之后产生的一种感觉，包括对爱人的赞赏、照顾爱人的愿望、自我的展露和内心的沟通。爱情中不能没有亲密，否则就容易失去动力而枯竭。亲密有很多表现方式，如通过语言沟通或者肌肤接触等等，一首流行歌曲中有这样一句歌词"一个拥抱能代替所有"，这指的就是肌肤的接触对于两个人之间感情的调节作用。

承诺是爱情中最理性的部分，指的是恋爱中的一方通过内心想法或者口头阐述的方式来表达自己对爱情的期望，承诺就像是爱情的保证，可以给双方带来安全感，避免爱情中出现危机。很多的爱情都有海誓山盟，这些在恋爱过程中是必不可少的，因为承诺可以让人对这份感情更有安全感。斯滕伯格强调"完整的爱"，这三个元素缺一不可，也就是两人之间必须在情绪上、生理上及认知上得到满足与肯定。如果三个元素都不具备，即是无爱；只有亲密，没有激情和承诺，只是一种喜欢式的爱情，如友谊；只有激情，没有亲密和承诺则是迷恋式的爱情，如初恋；只有承诺，缺乏亲密和激情是空洞式的爱情；只有激情和亲密，没有承诺是浪漫式的爱情；只有亲密和承诺，没有激情是伴侣式的爱情；只有激情和承诺，没有亲密是愚昧式的爱情；只有包含激情、亲密和承诺才是完美式的爱情。

但是，爱情并不是只要具备了这三个要素就能实现，它还需要双方更多的付出和努力来调节这三个要素之间的关系。从这三个要素的角度来分析，可以发现爱情并不是很轻松就能找到并且享受的东西。有很多大学生认为自己正处于恋爱的过程，但是不清楚双方之间的关系并不是真正的爱情，只能算作不成熟的爱情或者非爱情。

究其原因，就是这三个要素中除了激情之外的其他两个要素都需要一定的时间来实现，不是短时间内就能达成的。而且，激情也是需要维持的，维持激情并非易事。爱情需要经营，需要努力。人们在一段关系中产生激情的感觉是很常见的事情，但是想让其中的激情能够平稳地过渡到亲密和承诺的程度并不容易，能将爱情维持一生更是可以称为是一种艺术。

二、大学生恋爱的心理过程

大学生的恋爱心理过程十分复杂，主要就是爱恋的双方互相了解对方的过程。

（一）感受阶段

感受阶段就是爱情最开始萌芽的阶段，在交往的过程中，男女大学生对某位异性有了兴趣，在这一段时间，外貌占据着重要的位置，因为一个美丽的外貌能够激起双方的心情愉悦感。对于一些学生来说，就是因为这种一见钟情的感觉而盲目地恋爱，但是，这种爱情并不牢固，很容易见异思迁。

（二）注意阶段

当被某一个异性吸引的时候，就会不自觉地将所有的注意力集中到他的身上，会关心他的所有信息，甚至会在私下里排练怎么表白，幻想一些约会的场景，这一阶段多数为单相思，如果没有一个好的机会，这份爱情就会流失。

（三）求爱阶段

求爱阶段是最艰难的阶段，在这一阶段，求爱者承受着极重的心理负担，内心闪现着各种各样的担忧，不断害怕着种种变故，如写的情书字不好看、内容不好，自身不够好看，表白被拒，被人嘲笑等情况，在这一阶段非常容易因为求爱挫折而产生心理障碍。

（四）恋爱阶段

恋爱关系的确定就是双方中一方提出恋爱的请求，另一方选择接受。在两人确定恋爱关系之后，他们之间就开始了两个人之间的情感交换的行为。在两人进行情感交换活动的时候，一个成熟的大学生就会开始为他们的感情的未来做出规划，能够正确地看待爱情与事业之间的关系。

三、恋爱的心理类型

（一）初恋情结

1. 什么是初恋情结

对于人来说，总是对没有完成的事情念念不忘，记忆犹新，而对已经完成的事情很容易就忘掉了。初恋是无言的遗憾，对于一个人来说，初恋很容易让人患得患失，直至深陷其中。比如一名叫作池莉的女作家在自己的作品中不止一次地写过初恋记忆的深刻性，初恋的相关记忆一直深藏在我们的心里，直至遇到某个特定的时刻就会勾起我们的回忆，一时间让人难以自己。对于一些大学生来说，总是沉溺于曾经拥有的对于初恋的回忆之中，因为难以忘却初恋的美好，一定程度上严重影响了现在拥有的恋情。

2. 初恋情结困扰的建议

（1）面对初恋情结，要明白迷恋过去并不是真爱

人类的记忆有一种十分特别的功能，就是可以将一段充斥着痛苦与快乐的回忆进行分割，只记住那段时间的快乐回忆，这种现象就被称为"记忆的乐观主义"。具体来说，这种记忆机制就比较像经历了痛苦的生孩子的过程的母亲会在见到自己的孩子之后忘却那一段时间身体上难以承受的痛苦，从而沉溺于美好的幸福感中。与之相似的是，很多人对于初恋的回忆总是那些甜蜜的、没有痛苦的回忆。但是，当人们努力寻找曾经的美好的时候，发现并没有办法找到当时的感觉。

（2）及时做好初恋失败后的心理康复指导，避免形成心理情结

现阶段的很多学生都或多或少地拥有初恋情节，这是因为当时经历过初恋之后受到的心理创伤并没有及时地被修复，这种心理伤害会一直留存在心中，直到弥散到之后的恋情之中。为维护学生的心理健康，作为青少年的家长与教师，必须对其恋爱心理进行教育，对于青春期就陷入热恋之中的学生，要明确地提醒他，很多青春期的恋爱并不会有结果，在其经历失恋的痛苦时，要及时地开导他、教育他，让他知道，初恋之所以令人难以忘却就是因为这段感情没有结果，在之后的人生里就会对这段感情不断回忆，直至沉迷。

（二）暗恋心理

法国精神病学家克雷宏波提出"钟情妄想"的概念，指人们将爱情神圣化、绝对化的现象。钟情妄想是精神异常的一种重要表现，是一种变态心理，指融入大脑的主观形成与客观实际相脱节，常见的是坚信自己被某人所爱，即使遭到对方严词拒绝仍毫无质疑，认为对方也很爱自己，是对自己的一种考验。

在青少年迈入青年阶段时，他们正处于大学学习阶段，在这一段时间，他们会有旺盛的精力，对异性充满好奇，并付诸行动去追求，这种行为是正常的。但是需要注意的是，爱情的错觉体验会导致恋爱的当事人只关注当时的片刻欢愉，但是之后就是长久的心理上的痛苦。应当对恋爱错觉进行及时的了解、预防、纠

正，帮助当事人逐渐认识到真正的爱情。暗恋多出现在性格比较内向、自卑感强的人身上，不敢接受失败。对于爱情，要勇于突破自我，采用含蓄、间接的方式表明情感。

"不识庐山真面目，只缘身在此山中"，在某种意义上，恋爱就是自己与自己进行恋爱的一段心理过程，在这段时间，当事人总是自我陶醉，但是需要对这种行为进行制约，否则就会演变成情感创伤，甚至在之后会发展成为变态的爱情，需要反思理想化的合理性与可行度。如果不确定自己是不是在暗恋，就可以将自己的感受、认识等告知朋友、家长、教师等，听一听一个局外人的意见，获得更为真实的反馈。

（三）一见钟情

在这个追求效率的时代，很多程序都变得更简单、更快捷，在大学时期，总是会出现"一见钟情"的现象，这是因为大学生在面对样貌较好的异性时会对其产生似曾相识的感觉，但是这种恋爱的双方并没有对对方有一个深入的了解，会导致之后的矛盾爆发。

一见钟情会导致恋爱双方没有进行深入的了解之后发现对方存在的优缺点，会对之后的生活产生困扰。当我们遇到一见钟情的那个人，要理智、冷静、深入地了解对方，在长期的交往中检验和巩固这种感情。

（四）失恋心理

爱情会使人产生最大的快乐，也会给人带来极度的悲伤，失败的爱情会产生各种问题，这是因为在恋爱期间可能是快乐的，但是在恋爱结束后产生的心理创伤可能需要一生抚平。

当热恋中的一方突然被另一方抛弃时，他所感受到的就是失恋的感觉，这种感觉是痛苦的，对一个人的心理有着十分严重的影响。对于一些人来说会有足够的办法去处理这段时间的心理，但是对于一些心理脆弱的人来说，这种创伤会严重影响这个人的生活，从而产生一些问题。

失恋会经历两个阶段：抗议阶段和绝望阶段。在抗议阶段，被抛弃的人表现出旺盛的精力、提高警戒性和挽回心爱之人的强烈动机。这一阶段，失恋者会体验被遗弃的愤怒和抑郁绝望的情绪。

对于失恋，我们首先应当明白，失恋已经成为现实，为抚平内心的创伤，我们需要将不健康的情绪进行合理的宣泄。失恋的人之所以内心痛苦，就是因为他不敢接受失恋分手的现实，这就需要双方合理地接受现实，保持理智。要注意，并不需要喋喋不休地追问为什么对方不再喜欢自己，为什么要分手，要知道万事万物都在不停地变化，两人的情感也在不断地变化，没有什么是不会改变的。面对失恋带来的内心的痛苦、空虚等负面情绪，可以选择与朋友交流，进行倾诉，找合适的地方进行发泄，又或者是听音乐、看电影、听演讲、郊游等。但是无论如何都要抱着积极的态度，及时从痛苦中走出来，不能没有休止，人生很短暂，人不能抱着伤痛过完一生，不应该因为一个人而停止前进的步伐。其次，冷静分析原因，正视现实。理智的分析可以帮助我们摆脱失恋的苦恼，在分析的过程中，也可以采用自我安慰的方法，运用挫折合理化心理做感情转移。最后，升华自己的人生目标，不把爱情等同于人生。

大学生活应该是丰富多彩的、美好顺利的，可是有的人因为失恋而失去自我、荒废学业，甚至面临失去光明前途与未来的危险。人生拥有的感情不只是爱情，还包括父母的期望、朋友的关怀、同学的情谊等，一个人要做的事不只是恋爱，要将对方的离开看作一件值得感恩的事情，因为他的离开，教会了自己成长。

（五）控制心理

在大学校园里，情侣们经常有类似情感问题出现，初识异性然后开始一段恋情，过了一段时间之后，恋人们就会感觉如履薄冰，没有安全感。他们花更多的时间与彼此耗在一起，远离自己所在的朋友圈，甚至很难拥有朋友，总是莫名地嫉妒，哪怕是同性朋友，也感到不满或不安。他们很难继续正常的活动或爱好，因为这段感情耗费了太多的时间和精力，所有这些信号都表明，恋人们处于高度的控制型爱情关系的漩涡中。

如何给控制型的爱松绑？

① 不要把恋爱对象当成治愈自己心理创伤的工具。

② 不要给爱情压力，更亲密的人也是另外一个人。

③ 在爱情中要有自信，要自爱，不能够强迫他人迁就自己，失去自我。爱是不可能索求的，只能从自爱开始。爱的来源是我们的心，而不是外部。不爱自己将不知道什么是爱，即使它已经出现在我们面前。我们是自己的主人，无须乞求

爱，爱永远是大方呈现和分享的，条件是自爱。

第二节 大学生恋爱特点、问题及调适

一、大学生恋爱的特点与类型

（一）大学生恋爱的特点

1. 爱的自我性和短暂性

大学生在青春期这一年龄段主要表现为十分敏感，十分在意外界对自己的各种看法、评价，自己对自己也有对应的评价，于是，恋爱就成了大学生彰显自己能力的途径。现代大学生接受教育，思想开放，不受束缚，恋爱观念更注重个性，并不太受长辈对自己的影响。于是，这种独立性强的特点使得大学生更加注重恋爱的过程，享受恋爱这一过程中两个人心之间的交流。就比如，曾经有人询问一名女生的择偶观，但是这名女生却反问询问者，为什么要严格按照自己的择偶观谈恋爱，她现在年纪还小，需要通过对恋爱的实践来确定自己需要确立怎样的恋爱观。现在的大学生十分注重恋爱时的感觉，注重过程，并不十分看重恋爱的最终结果，这就导致现在的大学生恋爱的频率极快，总是更换恋爱对象。

2. 爱的形式性和不稳定性

现阶段大学生的爱情越来越注重形式，浮于表面，要知道，爱情并不是只有一种形式，对于大学生来说，爱情一定要表现出仪式感。经过研究后发现，大学生并没有将大学期间的爱情当作之后的婚姻进行维护，仅仅将其作为丰富大学生活的一部分。

3. 爱的激情性和受挫性

大学生总是渴望爱，但是缺少爱的能力，对于大学生来说，总是在冲动之后无法长时间维持爱，直至两人在各种矛盾与争吵中分手。电影《爱德华大夫》中有一句台词："女人能成为最出色的心理分析专家，但一旦坠入爱河，就可能是一个典型的精神病人。"这说明爱情对一个人的思想和生活具有很大的影响。

一般到了大三、大四有近半学生承认自己有失恋的经历，而且在感情受挫期出现一些心理问题的不在少数，摆脱不了情感危机。值得关注的是大学生失恋后的表现：有的失去信心，有的不再追求爱情；有的开始自暴自弃，甚至影响到了自己的学习与生活；有的因为自己失恋失德，最终做出了对社会产生危害的事情。出现这些情况都是因为大学生的恋爱心理素质不够高，对于爱情的理解不够成熟，难以承受失恋的挫折，等等。

（二）大学生恋爱的类型

由于大学生对爱情的理解并不深刻，却又渴望爱情，因此容易出现"普遍开花，零星结果"的局面，大学生的恋爱呈现多样化趋势。由于理想、信念、思想、人生观和心理素质的不同，可以将大学生的恋爱分为以下五种类型。

1. 互助互爱型

互助互爱型学生会在恋爱过程中保持互相尊重、互相帮助以及互相欣赏的状态，他们经常进行思想和感情的沟通，进而产生共鸣，用理性来引导爱情的进程，能够保持正确的态度，采取正确的方式来处理爱情与学业、感情与爱情、情爱与性爱之间的关系。双方会持有一致的理想抱负和价值观念，把爱情的动力转化到学习和工作当中，将事业的成功当作爱情进行下去的目标。在互助互爱型恋爱中的学生看来，好的恋爱应该能够帮助双方一起成长和进步。

2. 时尚攀比型

在部分大学中，恋爱被一些大学生视为时尚的代表。当看到身边的朋友或者同学都有了异性朋友时，男女双方会不加深思地匆匆进入一段"恋爱"当中，以此来证明自己的魅力。然而这样的关系是缺乏感情基础的，恋爱双方都没有认真负责的态度，只是随波逐流地被非理性的感觉所支配，因而这一类型的恋爱具有很大的随意性。

3. 感情慰藉型

在大学期间，一些大学生因为没有给自己设立明确的学习目标，缺乏学习的动力，所以时常感觉自己的大学生活是孤独、烦闷的。为了弥补生活中的这种空虚感，他们选择结交异性朋友，把"恋爱"当作是一种近景性的精神需求，用来慰藉自己的感情。

4. 追求浪漫型

追求浪漫型的学生往往拥有比较丰富的情感，常常被一些罗曼蒂克的爱情所吸引，并且有着强烈的窥探心理和追求浪漫的爱情的愿望。他们并不是缺乏对爱情的尊重，而是感觉花前月下的恋爱更有浪漫色彩和刺激感，比需要承担责任和义务的爱情更富有韵味。这一类型的恋爱也会极大地被个体的情绪因素影响。

5. 逐利世俗型

将爱情视为一件双方利益交换、满足彼此需要的事情。有的同学谈恋爱首先看的是对方的物质条件，如有的同学看中对方父母或亲戚的名利地位，也有些同学利用恋爱关系，希望在某些方面获得照顾等。这类大学生往往是基于利益而恋爱，在此之前已把对方算计得一清二楚，把恋爱当作谋取功利的手段，没有爱情可言。

二、大学生常见的恋爱问题

（一）没有恋人时的困扰

1. 择偶要求脱离实际

大学生无论男女，都梦想自己心仪的另一半出现，幻想自己的王子或公主无论在外形长相、出身背景上，还是在视野眼界上，他或她都是万里挑一的。但是在实际生活中，遇到各方面都满足自己要求的人的现象并不会发生在每个人身上，就算你是那个幸运儿，你和这位万里挑一的人在一起也不一定合适。大学生在校时间较长，而出校时间较短，接触的社会现象不多，其阅历自然就比较匮乏，他们在各种小说文章、影视综艺的影响下，主动或被动地美化自己寻找另一半的标准，幻想自己的另一半是完美无缺的人，而当他们在现实中与人交往时，他们又会很简单、很肤浅地考量对方的身形比例、外貌颜值和生活消费水平。这种做法的结果是部分大学生在择偶时不会考虑自己身边的异性，又没有符合他们要求的人出现在他们的生活里，于是对于他们来说，"看得见的人自己不喜欢，心仪的人自己又遇不到"已经成为常态，直到自己度过全部的花样年华。正所谓"金无足赤，人无完人"，大学生在寻求伴侣时要切实考虑自己当下的真实情况，不要只关心外在表现，而要关注内在美，确定择偶标准时不要过分考虑身高长相、消费水平等过于现实又肤浅的因素，如此一来方可找到适合自己的另一半。

2. 过于相信一见钟情

只见一面就私订终身的动人故事经常出现在一些文学作品中，这些动人但不一定实际的故事吸引了很多年轻男女，并让他们以此为参照构建自己的恋爱观，这也属于男女恋爱的误区。在真实的日常生活里，一见钟情比较少见，但相当多的男女大学生认为相比其他，可以让自己一见钟情的人才算恋爱伴侣，他们不会考虑日久生情。于是为了所谓的"真爱"，他们宁可忽视身边的人，错失很多体验爱情的机会。在现实世界中，一见钟情促成的婚姻的失败率往往比其他的婚姻高，因为结婚的男女在第一次见面时被对方身上的某个优点吸引，晕轮效应会影响他们的心智，进而让他们无视对方其他方面的特点。当头脑一时发热产生的情绪消失时，在这种情绪状态下掩盖的不足和冲突在他们的婚姻里会逐渐显露，最后致使婚姻结束。

3. 自卑心理

大学生关于恋爱的自卑心理主要表现为认定自己没有吸引力，没有与异性坦诚交往的勇气以及为保护自尊心而刻意回避和异性接触。在这种自卑心理的背后，往往是大学生自我评价的不恰当和不合理。例如，他们认为自己的客观条件不够优秀，身形不高大、身材不苗条，在面对异性时无法畅所欲言，而且自身没有拿得出手的优点和长处，出身背景不够好，这些因素让他们认为自己没有机会吸引对方，只有各方面全都优秀、没有缺点的人才配拥有真爱，因此他们始终不敢迈出恋爱的第一步。在恋爱的各个阶段，自卑心理都会产生不同程度的负面影响，破坏男女之间的感情关系。例如，一些人自卑心理过重，这使得他们在选择恋人时，随随便便找一个并不能让自己满意的人，在其后的发展中，这种自卑心理会有所缓和，但在婚姻的现实中，对对方的不满会凸显出来，造成婚姻的不幸福。所以，很多恋爱关系的破裂，很大程度上是由于自己的自卑心理，如果不处理好自己的自卑心理，很可能造成双方关系出现矛盾，影响两个人的幸福。

（二）单相思

单相思又称暗恋，指一方在心理默默地爱慕另一方，但又不敢表白，或不知道如何表白，也无法得到对方回应的单方面情感。另外还有应该归纳为单相思的三种情况。

一是错误理解了对方的意思。生活中每个人都会遇到许多异性朋友，大家因为某些原因而相识相知，有可能会有友好的表示，如可能夸赞别人，可能在对方遇到困难时给予帮助，可能赠送小礼物，但这些行为并不等于人家希望双方之间的关系发展为恋人。有的大学生误把对方的友好当成爱的表示，甚至明确询问或表白之后，对方已否认但仍不死心，从此陷入一厢情愿的单恋之中。

二是曾经亲密的恋人没能走到一起。两人因为某些原因而分手了，其中一方已经从这份感情中走了出来，整理好心情开始新的生活，而另一方却不愿接受这个现实，还在强烈地恋着对方，盼望着有一天对方还能回心转意，重新回到以前的美好时光，只是还没有采取什么行动。

三是女神（或男神）式的暗恋，就是明知对方有恋爱对象，也知道此外还有同学恋她（他），自己仍控制不住地加入暗恋的行列，也是从心里默默地爱着对方，但由于自认为身份地位等与对方存在着差距，而不知道能否向对方表达爱慕之意，只是自己的内心苦闷着。

轻度的单恋如果不影响生活，不用干预或帮助，可以慢慢自己化解，但如果情绪受到较大困扰，就要引起重视，除自己调整心理，以积极的心态来面对以外，必要时须请求帮助。如果是没向对方表达过自己的爱，最好的办法是勇于表达，选择恰当的方式和时机表白，或询问对方的想法，如果对方无意发展恋情就结束自己的单相思，也不能强制对方爱自己，不要怕被拒绝，也完全不用失落或尴尬，将心情平复下来，重新调整好心态。如果是误把别人的友好当作爱意或是对已经结束的感情还心有不甘，则应正视客观现实，要认识到自己单方面的感情付出很可能是没有结果的，而且，还可能对自己的心理健康带来危害，应该调整身心，学会放弃，以新的关系态度与对方相处，做到不卑不亢，有礼有节，真诚待人，举止有度。另外，也可通过参加体育运动，培养个人兴趣爱好等方式来放松心情，陶冶情操，维护好自己的心理平衡。

（三）三角恋或多角恋

三角恋或多角恋指一个人同时与两个或多个异性保持恋人关系。例如，一些人虽然不与其他人恋爱，但他们与多个异性之间保持暧昧关系。多角恋的恋爱关系会给参与其中的人带来心理上的创伤，大学生要清晰地认识到这一点。多角恋分为两种，一种叫作捉迷藏式多角恋。多角恋发起者利用时间差和空间差，同时与两个或者多个异性交往，被交往的人都认为他或她只属于自己。这种做法一旦被发现，会给被交往者的心灵带来如同晴天霹雳的巨大冲击，甚至会导致各个被交往者发生矛盾冲突；另一种叫作公开式多角恋，也可以叫作争斗式多角恋，所有被交往者都知道恋爱发起者同时拥有多个恋人，在这种前提下被交往者们之间的争夺战频频发生，这种多角恋虽然没有欺骗性质，但不符合恋爱的道德要求，甚至会导致斗殴事件，产生不良社会影响，损害参与者的名誉。产生多角恋的因素包含以下三点。

1. 恋爱态度不端正

一些同学在恋爱初期就动机不纯，妄图通过欺骗手段同时与多名异性保持恋爱关系，朝三暮四，玩弄感情，品行不端。

2. 择偶标准不清晰，犹豫不决

有的大学生自身价值观还未完全建立起来，人生阅历有限，对于异性更是了解不多。谈恋爱前对于自己想找一位什么样的伴侣或恋爱对象没有具体标准，因此在交往过程中始终搞不清楚哪位异性适合自己，感觉哪位都有不同的优点，和谁结束恋爱关系都有一些舍不得，只好都保持着。

3. 满足虚荣心

有些人认为能找到恋爱对象是一件有面子的事情，经常更换身边的恋人更是能说明自己有魅力。因此为了满足自私的目的，全然不顾给对方带来伤害，同时与多名异性保持恋爱关系。

还有为了利用不同的恋人，因为他（她）们各自有着不同的优点或可以使用的资源，如有的学习好，有的善于交际，有的有钱。要知道这样做是非常不道德的，不但对对方很不公平，自己也不会真正得到美好的爱情，甚至还可能给自己带来祸患。

（四）带有功利目的的恋爱

当代社会各方面竞争日益激烈，大部分人注重自我实力的提升，以此迎接未来的挑战。但与此同时，有一些人却把婚姻视作让自己成功的机会，把握好这个机会就可以毫不费力地得到房产、金钱、地位等各种社会资源，这种做法让爱情这种本该单纯美好的情感染上铜臭，人们历来都鄙视这种行为。这类人在爱情里添加了很多不该有的目的和要求，被物质化的爱情失去了最初的纯粹性，变成一种包含经济目的的选择。采取这种做法的人在短时间内看上去有很大收益，但这种做法有很多的不确定因素。只要其中的目的和要求发生变化，如这类人计划好的金钱或地位等资源无法获得，其所谓的爱情和婚姻会立马出现问题。除此之外，通过这种做法走到一起的男女并没有真实的感情基础，在日后婚姻里发生矛盾的概率更大，为以后的生活埋下隐患。

（五）失恋的负面影响

失恋指的是男女中断恋爱，互相离散停止交往。热恋中的青年男女都希望自己的爱情可以修成正果，但恋爱中遇到的各种阻碍无法躲避。每个未婚青年除了有追求爱情的权利，也有选择接受爱和拒绝爱的权利。有恋爱的存在也就有失恋的存在，这种现象符合恋爱的正常规律。在整个恋爱过程中，给人挫折感最大的是失恋。失恋是一种特殊的心理精神状态，它让人难以自控，没有恋爱过的人，无法体会失恋给人带来的痛苦和烦恼。在失恋时，失恋者身处痛苦境地，对恋爱的美好希望全部化作泡影。因此，失恋者在失恋初期会无法避免地产生苦闷的心情，没有地方去寄托情感，严重者甚至会抑郁、自杀或者报复他人，其心灵上所受到的打击会影响以后的生活，甚至会让失恋者患上失恋后遗症。因为有失恋的经历，在接下来的爱情生活里，失恋者会变得谨慎小心，更有甚者，有人会因一次失恋而万念俱灰，终身不婚。

（六）网络恋爱时的困扰

网络恋爱指的是男女之间以网络为主要沟通工具，通过运用如 QQ、微信、网络聊天室、网络虚拟社区和网络游戏等网络产物的手段来发展两者之间的感情。网络恋爱主要分为两种形式：一是双方在网上结识并恋爱，甚至在网上结婚并组建家庭，但在真实世界互不接触，追寻柏拉图式的情感感受和情感寄托；二是双方在网上结识，而且都有与对方发展恋情的想法，然后在真实世界里见面，进而发展下一步，至于是否有结果，主要看男女双方能否情投意合。

大学生在网络上恋爱的动机包含很多种：第一，寻求刺激，很多大学生在校学习时过得十分空虚，难免会有寻求刺激的想法，而网恋恰好可以满足这类大学生的需要，是很多大学生用以打发时间的途径；第二，网恋给人的压力也没有现实生活中那么大，在网恋中，失败并不是十分重要的事，同时网恋也并不一定会见面，这样也不用为承担现实生活中的责任而苦恼，但这也是导致网恋失败的原因之一；第三，由于网络上的交往对象没有见面，人们只是通过直觉和想象来对对方做出判断，就很容易把自己理想对象的标准全都赋予对方，所以网恋的人们往往把对方想象得完美无缺；第四，由于网恋没有必要考虑一些诸如收入、家庭背景和婚姻等现实的问题，所以网恋的双方可以说纯粹是在精神上的恋爱。但是也正是由于以上原因，使得网恋往往落得无疾而终的结局，因为网恋的双方在见面以后会对对方有一个重新的认识，也有一个重新适应对方的过程，就在这个认识的过程中，会意识到对方的容貌、性格和好恶等并不完全与自己的想象符合，很多人不能接受这种差距，所以很多网恋就这样匆忙地宣告结束。

网络虽然是虚幻的，但是它也是由真实的人参与其中的，在网络里有真情实感也有虚情假意，甚至有谎言和欺骗，应该分清虚拟与现实，否则过度投入感情，最后换来的只有失望。

三、大学生恋爱心理问题的调适

大学期间应全面发展并以学习为主，特别注意不要因为谈恋爱而影响学业。但大学生又都是发育健全的适龄青年，当爱神光顾的时候，不应该拒绝，最好的办法是得到科学的指导和帮助。对于遇到恋爱问题或因此产生不良情绪的同学进行指责、批评，阻止其恋爱，将恋爱和学业对立起来的观点，不但是落后的，也是脱离实际的。当然，爱情心理学是非常丰富和多姿多彩的，每个人所遇到的问题也不尽相同，并不能在此详尽说明，只能就常见的问题和解决方法提出一些建议。

（一）注意区分友谊与爱情

大学时期得到的爱情，很多是由友情发展而来，友情与爱情常常交织在一起，让人一时难以分辨。其实，它们之间既有相似之处，又有不同之处，异性青年之间的爱情很多是友情发展的一种结果，但又不是所有的友情都能发展为爱情，爱情可以是友情的延伸，但不是必然。获得爱情的人能够体会到友情的美好，而拥有友情的人不一定能收获到爱情。爱情是一种专一的感情，具有排他性；友情是一种开放的情感，具有广泛性；爱情具有私密性，恋爱者一般不愿在公开场合，尤其是人多的地方，毫无顾忌地开展恋爱活动；友情具有公开性，友情的对象、朋友间的交往活动大多是公开的。二者的区别如下。

1. 交往时的心理状态不同

友人之间比较理性，能够在冷静分析彼此优缺点和异同点的基础上平等地进行交往；恋人之间则感性成分较多，恋人在恋爱期间大多会对对方进行不自觉地美化，即所谓"情人眼里出西施"，事实上恋人眼中的对方往往与实际情况存在一定差异，常有强烈的主观色彩，难以真正进行客观分析。

2. 需要的时空条件不同

友情建立在相互认可的基础上，一般不会因时间久远、空间阻隔、一方身份地位的变化而疏远淡漠；爱情需要双方共同经营和维护，所以分离的时间和距离最好不要太长。

3. 所负责任不同

相对于恋人，朋友之间承担的大多数是道德义务，而恋爱关系中的双方即使未婚，也需要承担更多法律上的义务，当然也有更多的限制和约束。大学时期，同学之间的友情更为重要，它为大学生发展个性心理提供良好环境，让大学生亲密相处，平等地对待彼此，互相学习。大学生之间的友情还可以消除寂寞，让大学生获得同学帮助，体会集体的温暖，在每个同学的记忆里留下无可替代的美好。大学生应珍惜同学间的友谊，正确辨别什么是友情、什么是爱情，并且对待爱情要谨慎。当然，有些友谊随着时间的推移可以转变为爱情，这就需要大学生去亲身体会，谨慎把握并保持认真态度。

学会如何分辨爱情和友情十分重要。大学时期是构建人脉的关键时期，大学生生活比较自由，思想比较单纯，做任何事都很积极，希望吸引异性，如与异性一同上课、一同上晚自习。所以，很多人都有异性朋友，他们有的可以保持良好的朋友关系，有的则随着时间推移从朋友变为恋人，有的由于各种因素逐渐疏远。除此之外，有人觉得异性之间的关系是爱情还是友情很难分辨。实际上，爱情和友情有以下不同之处。

朋友之间的交往并无人数限制，恋人则不行，具有排他性。如果你感觉和异性朋友之间总是希望两人单独相处，一有其他人出现你就非常反感，那么你很可能是萌发了爱情。如果你对异性朋友有了依恋的感觉，一两天不见面就非常想念，甚至寝食难安、坐卧不宁、吃不下、睡不好，分别的时候特别舍不得，那么你很可能是对这一位异性动了情。

（二）注重建立良好的爱情基础

我们在前面讲过，恋爱动机是多样的：有的人因为互相欣赏，有的人为了事业发展，有的人因为爱慕虚荣，有的人为了排遣寂寞。恋爱双方应根据具体条件慎重选择。当然，爱美之心人皆有之，产生爱情大多是由于对方的外表符合自己的审美，所谓"窈窕淑女，君子好逑"，男性喜欢女性苗条美丽，女性喜欢男性高大威猛。但外表只代表人的一部分，更重要的是要注重内在品质，也就是我们常说的人品，如女性贤惠、勤劳、温柔，男性有责任感、能干、聪明。因为人不可能长久拥有美貌，随着时间的推移，每个人都会渐渐老去，年轻时美丽的外表到老年时就不存在了。如果将爱情和婚姻单单建立在欣赏外表美的基础上，是非常不稳定的或不长久的。只有将爱情建立在欣赏内在美的基础上，注重人的内在品质，相爱的基础才是健康而稳固的，在遇到外界的一些怀疑、干扰、引诱等阻力时才能经得起风雨，才不会被破坏。所以恋爱过程中应理性地看待对方，树立正确的恋爱观，注意考察对方的内在品质，为爱情打下稳定的良好基础，这样才能使爱情和婚姻更稳固、更持久。

（三）珍惜纯洁爱情，尊重双方人格

纯洁的爱情是世上最美好的情感，没有功利目的的爱情是完美的。男女双方在恋爱时要努力做到以下八个方面。

1. 坦诚地对待对方

要使对方认识并了解真实的自己，包括自己过去的成功、过去的失败、弱点和不足之处，不要刻意隐瞒。与此同时，也要心平气和地了解对方的这些方面，了解对方的原生家庭背景和成长历程、兴趣爱好、理想志向等，努力寻找双方恋爱的契合点，提高契合度。恋爱成功的正向催化剂是双方对待对方真实诚恳、不夸大敷衍，反之，轻浮虚荣的爱情会让双方受到伤害。

2. 主动帮助对方

在对方遇到挫折时，真心相爱的男女伴侣会主动帮助对方解决问题，帮助对方走出困境，这是让双方感情变得亲密的重要基础。美国小说家欧·亨利所著小说《麦琪的礼物》中描写的故事十分动人：有一对年轻夫妇，妻子美丽的金发需要发饰搭配，但是丈夫失业，没有钱去买；丈夫心爱的金表一直缺少表链来搭配，但是没有钱去买，于是妻子卖掉头发换来一条表链，丈夫卖掉金表换来漂亮发饰。故事的结局是丈夫妻子都不需要对方为自己买的礼物，读起来可悲可叹，使人内心苦涩，但故事中的妻子和丈夫为了心上人不惜卖掉自己最喜欢的东西，这个情节让人难忘。当代社会，人们生活水平显著提高，大学生不像故事中的人物那样身处物资匮乏的时代，如果想要与另一半真心相爱，就要像故事中的夫妇一样发自内心地帮助对方。

3. 互谅互让

年轻人做事容易冲动，时常考虑不周全。另外许多方面的能力也还在逐渐提高的过程之中，所以做事说话难免有失误。恋爱双方应当互谅互让，不计较对方的小失误，既然选择爱一个人，就应当接受他的优点和缺点，无论多么优秀的人，也会有缺点与不足，如果只能接受优点不能忍受缺点，那就不适合在一起。恋爱双方是平等的，一定要尊重对方的人格，同时也不能因自己的不高兴或是利益受损而贬损对方，应当互相谦让。这是能否体谅别人，能否尊重对方的情感与付出，能否让爱情健康发展、成长、结出爱情之果的重要方面。

4. 互相支持

青年人处于学业、事业的上升期，在激烈的竞争中要想使自己能够较好地立足社会，就要努力奋斗，努力学习，接受教育和培养，增长才干。但这也会占用时间，减少了花前月下、卿卿我我的时间。作为恋人，应支持另一方的事业，做他坚强的后盾，而不应总是以自我为中心沉醉于温柔乡中，拖对方后腿，影响对方进步。对方的成功可能改变其社会地位，同时提高生活品质。

5. 把握好与对方的距离

恋爱期间把握好双方交往的距离是非常有必要的。俗话说"距离产生美"，距离太远或很长时间才沟通固然会影响双方关系的发展，但也不是如胶似漆就是理所当然的好。恋爱初期，双方都有了解对方的强烈愿望，或者希望天天见面或是待在一起，但应当认识到生活中还有许多其他内容。大学生的主要任务是学习，恋爱了更应该特别注意处理好恋爱与学业之间的关系。如果朝夕相处而又无所事事，就可能既浪费了时间又荒废了学业。另外，因为感情发展太快，没有思考和体会的时间，感情发展会缺乏理性成分，对这份感情的认识和理解会缺少理性和深度。对于有些多血质心理特质的人来说，长时间待在一起，容易失去新鲜感和神秘感，反而会失去吸引力。总之，相爱的两个人要想实现长期的互相欣赏，同时也让对方尊重自己，不但要有共同的人生理想，也要尊重对方，认真学习知识，丰富自己的人生阅历，建议同学们在恋爱时保持一定的距离，保持自己的相对独立，掌握合适的度。俗话说"欲速则不达""心急吃不了热豆腐"，说的都是这样的道理。

6. 不要在感情世界里迷失自我

恋爱能给人带来新鲜美好而又热烈奔放的情绪体验，让人体会到生活的多姿多彩，因此许多年轻男女十分向往真正的恋爱。在爱情的驱动下，一个人原本平静的心被另一个人占据，这个人每时每刻都想他（她），故意找理由联系他（她），并且每次与他（她）见面前都会仔细打扮，力求不给对方留下一点坏印象。在这种情绪波动下，恋人的心理已在慢慢发生变化。"情人眼里出西施"，自己觉得他（她）完美无缺，有许多优点，就算有其他人指出他（她）的不足，自己也不会认同或置之不理。除此之外，处于热恋中的人有时会有如下表现：自己原本爱发脾气的缺点会收敛，甚至在恋人面前表现得十分温顺，并对其言听计从；自己会盲目崇拜恋人，甚至丧失自我思考的能力；自己会不惜牺牲自己的利益去迎合对方，讨好对方；为了自证专一、单纯，自己会日渐疏远自己的朋友，而接近另一半的朋友，并把另一半的爱好当成自己的爱好。

大学生从中学时代走来，生理上成长较快，但心理上还未成熟，生活阅历不多，对于人生与爱情的问题还不能充分理解，需要学习与提高，如不能把握好则极易偏离正确的方向，因此也需要帮助与指点。

再有，两个人相互吸引，最初固然是因为对对方外貌的认可，但要想爱得长久，保持自己的个性反而是更重要的。因为人与人相互吸引，是依靠内在美、独特的美。一个独立自立、自尊、自爱形成的自我，会让人更加着迷。另外，每个人在社会中生活，也不可能不遇到困惑，其实每个人都可能希望得到别人的指点、批评、帮助，而不是一味地吹捧。他希望听到新的能够使其有所感悟的意见，对生活也希望时常能有耳目一新的不同认识，这能让他受到启发，而如果你总是夸奖他，迁就他，总是想办法迎合他，不能提出好的意见和见解，对对方的人生成长没有帮助，时间长了也会让对方感觉你的魅力下降，吸引力降低，反而可能和你分手。所以恋爱时应尽量保持头脑清醒，能够独立思考，自己也能够听从别人的劝说，客观地去评价恋人，这样有助于双方关系良性发展。

7. 遵守爱情道德

自古以来，忠贞不渝的爱情都受到人们的称赞。真正的爱情能经得起生活中各种磨难和考验，不会被贫穷、疾病所打倒，让相爱的人相互扶持，彼此鼓励，即使是在生命中最艰难的岁月，也能携手走出低谷。这样的爱情一定是经过仔细思考的，能够承担起责任、纯洁而真挚的。因为只有纯粹的，没有任何功利目的的感情才能在各种艰苦的条件下一如既往。在一个青年准备开始恋爱的时候，他应当经过充分的考虑，一个人在几位异性中选择自己的恋爱对象，认真考虑与哪一位发展恋情比较合适，这是完全正当的。一旦做出决定，做出了选择，应当向其他人说明，自己现在已经选定了恋爱对象，不应当再与其他异性发展恋情。朝秦暮楚、朝三暮四是不可取的，应当受到批评和唾弃。至于每周都想换女友（或男友）的想法，则可笑又可鄙。如果现在的一段感情结束了，应该在心情平静以后，再考虑开始和别人的感情。这既是对他人的尊重，也表明了自己恋爱态度的端正。不应该与恋人之外的其他异性还保持着暧昧关系，若即若离，利用别人的单纯善良发展多角恋情，玩弄他人的感情。因为爱情具有专一性和排他性，爱情除了心灵上的相互吸引，还有性爱等因素，因此只能一对一地发展恋爱关系。发展多角恋爱，短时间可能会有刺激和心跳的感觉，最终收获的只能是苦涩。恋爱和婚姻是两个人经过慎重考虑之后的决定，不但对于两个人来说意味着责任，对两个家庭和社会来说也是十分重要的。结婚意味着两个人要相互忠诚，遵守道德约束，不仅要对自己、对对方负责，还要对家庭和社会负责。

8. 大学生要不断提高爱的能力

① 鉴别爱的能力。拥有鉴别爱的能力的人十分自信，会尊重别人，会自然而然与别人交往，主动扩展人脉，尽量考虑其他人的感受，并珍惜与他人的友谊。需要注意的是，好感并不代表爱情，它是一种直觉感受，不一定发展成爱情。此外，感情冲动也不是爱情，其只是男女双方互相吸引的结果，往往是暂时的而不是长久的，比较脆弱。相比之下，爱情是一种热烈又深沉、强烈又稳定而且十分

持久的感情。爱情和友情是不同的。

② 迎接爱的能力。如果一个人心中有爱，那么他要客观理智地分析，积极表达；如果一个人面对别人的爱，那么他要及时、准确地做出判断，并做出相应选择。以上两种都是爱的能力。大学生在生活中应该锻炼迎接爱的能力，懂得什么是爱并且拥有正确的恋爱观，明确自己的所爱所需，主动关心他人。当有人向自己表达爱意时，大学生要及时做出判断，并做出合理选择。大学生要学会承受求爱被拒和拒绝他人求爱时的心理压力。

③ 拒绝爱的能力。拒绝爱的能力指拒绝自己不愿接受或者不值得自己接受的爱的能力。拒绝爱时要注意以下两点：第一，在不想恋爱的时候，面对爱要果断拒绝、勇敢说"不"，因为真正的爱情容不得半点将就和勉强；第二，拒绝爱时要讲究方式方法，要保证拒绝时机恰当、拒绝场合不封闭、拒绝语气委婉而坚决。

④ 解决爱的冲突的能力。恋人之间难免会有冲突，这是很自然的。冲突的来源可能是日常生活的不一致、不协调或者是双方性格的差异。爱需要双方互相理解、互相包容、互相体谅，用建议性的方法去解决矛盾冲突，其中沟通就是一种非常有效的方式。恋人之间需要及时合理的沟通，双方要把自己的想法和感受清楚地表达出来，具有伤害性质的争吵或互不搭理的冷战行为都会对恋爱关系产生不良影响。

⑤ 保持爱情长久的能力。保持爱情长久，需要双方把对方的快乐当成自己的快乐，这样才能保持恋爱关系的稳定长久；需要双方运用智慧去维持爱情，并持之以恒地为之付出，同时不要忘记保持自己的个性特点，要有自己的追求和发展方向。双方不断学习新知识，积极与对方进行交流，互相欣赏，才是维持爱情的动力源泉。

（四）合理处理失恋

每个人都有爱的权利，也有不爱的权利，所以有恋爱的美好，就有失恋的痛苦，古往今来，越是爱得刻骨铭心，失恋也就越是痛彻心扉。

1. 面对失恋

谈恋爱就有可能失恋。双方都有选择对方和不选择对方的权利和自由。从心理上，失恋是一方失去另一方的爱情，属于感情挫折或打击。经历者心理落差较大，从恋爱初期的色彩斑斓，充满期待，到失恋时的悲观失望，万念俱灰，可以说失恋是许多大学生重大的人生挫折。失恋的人会体验到难堪、失望、孤独、空虚、痛苦，有的甚至还有愤怒和绝望等情绪。这是生活挫折造成的常见心理情绪反应。而面对这样一个重大的负面生活事件，一时不愿接受，心情低落都是正常的。但如果这样的消极情绪自己无法排解，又没得到外界及时地疏导，持续下去就可能转化为抑郁、自卑等消极情绪，个别人还可能出现自杀或报复等极端事件。所以如何理解和面对失恋，是很重要的。

失恋的原因有多种。可能是恋爱的一方经过一段时间的交往觉得双方的思维方式和价值观存在差异，难以调和；可能是一方有另一方无法接受的生活习惯或是缺点；也可能是一方对别人动了心，移情别恋；也可能是一方受到家庭或周围人的反对而无法调和，最终选择妥协；还可能是由于生活中的某一件小事让一方产生负面印象，对方认为难以接受，决定与之结束恋爱关系。

失恋可以被视为人生中的一次挫折经历。如果大学生在心理上不能接受失恋，那么其会有以下表现。

① 情绪低落。失恋对人造成的打击比较严重，失恋者心里会因此产生各种消极情绪，如心境昏暗、情绪低落等，其内心会十分悲伤、痛苦，失恋者很可能会因此哭泣，进而出现自卑心理，会全方位怀疑自己，包括长相、身材、个性、处事能力等。

② 否认。有的人在失恋后不愿承认失恋事实，否认失恋的发生。实际上，有这种表现是因为失恋者在心理上不愿接受失恋事实，不愿相信这种事情会发生在自己身上，并认为这不是对方的本意。此外，失恋者会主动诉说双方曾经的美好回忆，试图与对方取得联系，并与对方和好，即使会再被拒绝，失恋者也不愿相信自己已经失恋。在失恋发生后的一段时间里，失恋者会变得性格怪异，觉得周围所有的事都不顺眼，会时常因一点小事与他人起冲突。

③ 愤怒及报复。部分失恋者无法接受失恋，在确定与对方的恋人关系无法修补后，会产生"我得不到，其他人也别想得到"的负面心理，即使失恋者本身性格温和，但由于失恋也可能在情绪上变得冲动暴躁、容易发怒，或者通过伤害对方、胁迫对方等极端手法达到其目的，这样一来会造成严重的后果。

④ 绝望轻生。本身心理脆弱的人无法承受失恋为其带来的巨大的心理压力。面对失恋，这类人自己本身无法做到自我解脱，又没有得到身边的人和社会的帮

助，在强烈的悲观绝望情绪支配下会产生轻生的想法，以此来摆脱自身的烦恼。这种情况如果可以被及时发现，这类人可能会得到相应的解救，否则会酿成无可挽回的惨剧，给其家人留下永生的心理创伤。

2. 走出失恋的阴影

① 认真反思，建立正确的认知。现代社会的人面对的各种机遇和选择会有所增加，失恋现象也变得多见。面对失恋，应以积极心态面对。恋爱是有意结为人生伴侣的双方互相了解的重要阶段，谈恋爱可能成功也可能失败。相比热恋时的花前月下、卿卿我我，失恋难免让人伤感。曾经共同畅想的人生之路再也没有实现的可能，一段时间以来的美好经历都成往事，一些痴情男女无法接受这一现实。然而，失恋虽然痛苦，但不可否认的是失恋使人成长，它像一面镜子，会引起当事者的反思，在客观上，失恋的人有了重新审视自己、检讨自己的时间、空间和理由，而且也应该借此时机重新认识自己和认识现实，修正自己的错误，弥补不足，使自己得到提高和成长。应该说，被失恋打倒的人绝不是生活的强者。纵观历史，也有许多人曾因失恋而痛苦，但后来他们能够从中吸取教训，反思自我，改正自己的缺点，从而使自己获得进步和提高，又重新找回自信，也重新找到了优秀的人生伴侣，收获了幸福。

② 改变自己，调整自己的心理和人生坐标。克服失恋带来的负面影响，一些具体方法也是很有帮助的，如改变某种习惯。失恋后由于生活惯性，总会时不时地想起对方，拿起手机就想给对方发微信、打电话，吃饭时想起对方爱吃什么菜，走在路上想起两人并肩而行的场景，等等。而此时应当考虑尝试做些改变，将生活的重心转向其他事情，体会到生活的变故也有可能使生活状态变好。例如：你终于有更多的时间坐下来读一本书，写一篇文章；你终于有时间和宿舍的兄弟一起去上自习，去打篮球；或者你终于可以心无旁骛地与好姐妹一起逛逛街、聊聊天儿，将不痛快的事一吐为快；等等。在短暂的失落之后你会感到将注意力放到其他事情上也很有意义。因为毕竟生活的内容有很多，一般人其实也做不到一天到晚只和相爱的人在一起，而不去做任何别的事情。而且，如果真是这样，彼此间的吸引力还可能会下降，出现审美疲劳。一段感情的空白期虽是原来不曾想到的，但正好可以利用它来放松身心，多做其他有意义的事情，也为使自己尽快走出痛苦的阴影，走好今后的人生之路做好铺垫，积累经验，增添自信。

③ 自我激励。美好的恋情突然结束，突然的人生变故可能会让人意志消沉，而此时如果将这一段的人生变故视为小困难，当作激励自己进步的动力，会使自己获得意想不到的提升。曾有一位女同学，本不爱学习外语，外语成绩不好，不料有一天她的男朋友告诉她，他要到国外去读研究生，并且时间较长，眼看这段恋情就要"无疾而终"。然而这时谁都没想到这位女同学从此开始刻苦学习外语，后来竟然以优异的成绩顺利地考上了男友的外国学校的研究生，到国外和男友团聚去了。这个自我激励的神奇的成功案例，其根本动力来源于这个女生的心理的两个方面：自尊和爱情。

3. 分手注意事项

第一，假设你是主动提出分手的人，要注意在分手后的一段时间里不要和被你分手的人进行任何方式的联系。因为被你分手的人需要时间接受失恋事实，需要时间适应没有你的新生活，他（她）可能会找各种理由联系你，此时如果你认为对方可怜而接受甚至主动去联系他（她），会给对方希望，让对方认为和你的恋爱关系可以修复，这会让这段感情的结束更加困难。所以，如果你和他（她）已经分手并确认不再互相打扰，就要坚定态度，如无必要，双方就不要联系；第二，不管发生什么事，也不要去打扰前任恋人，不要对前任恋人的人际交往和感情生活造成困扰，要理性而又恰当地把握自己的情感生活。

第八章 大学生的挫折心理与辅导

挫折广泛存在于每一个人的生活之中，贯穿于人的一生，遍布于生活的方方面面。对挫折的心理反应和应对挫折的能力，在很大程度上反映了一个人的心理素质和心理健康水平。"人生不如意十之八九"，尽管人们希望能一帆风顺、万事如意，但挫折总是不可避免的。成功固然可贵，失败也并非毫无意义。对大学生而言，挫折既是打击，也是成长，正确地认识与对待挫折，是成功人生的必经之路。本章主要从大学生的挫折心理概述、挫折对大学生心理的影响、大学生挫折心理的应对三个方面出发论述。

第一节 大学生的挫折心理概述

谁没有经历过挫折？有挫折的人生才是圆满的，只是有的人在生命的早期遇到挫折，有的人在生命的中期遇到，有的人在生命的后期遇到。人们不喜欢挫折，但是挫折又总是给人们带来很多意想不到的东西。有的人与挫折为伴，了解挫折，认识挫折，同时战胜挫折，挫折朝他挥挥手，睿智地笑着离开了；有的人不愿接纳挫折，回避挣扎，而这时候的挫折就像个顽皮的小孩，黏着他不放。那么，挫折到底是什么？

一、挫折概述

（一）挫折的含义

挫折通常是指事情进行得不顺利、失败、失利，没有达到预期的目的。个人在实现目标的过程中，通常会有以下四种不同的情况：一是无须特别努力即可达到目标；二是遇到干扰和阻碍，但是经过努力仍可以达到；三是克服或者绕过遇到的干扰和障碍，对目标进行调整，用新目标代替原来的目标；四是遇到无法克服的干扰和阻碍，使目标不能达到，需要得不到满足。第四种情况就是我们要讲的挫折。因此，我们可以说，挫折是指一个人在实现有目的的活动过程中遇到了无法克服或自以为无法克服的障碍或干扰，使其需要和动机得不到满足和实现时所产生的紧张状态或消极的情绪反应。

（二）挫折的组成

挫折一般由挫折情境、挫折认知、挫折反应三个部分组成。

1. 挫折情境

挫折情境是指人们在有目的活动中，使需要不能获得满足的内外阻碍或者干扰所实际呈现的情境状态或情景条件。考试不及格，比赛得不到名次，这些都是造成挫折的情景因素。

2. 挫折认知

挫折认知是指对挫折情境的知觉、认识和评价。挫折认知既可以是对实际遭遇的挫折情境的认知，也可以是对想象中可能出现的挫折情境的认知。不同的人对相同的挫折情境所产生的主观心理压力不尽相同，个人的知识结构也会影响其对挫折情境的知觉判断。例如，有的人总是认为宿舍的其他人在议论自己，虽然事实不一定如此，但是他在心理上产生了与他人关系的不和谐，进而产生烦恼、焦虑。

3. 挫折反应

挫折反应是指主体随着挫折认知，对自己的需要不能得到满足而产生的情绪和行为反应，如愤怒、焦躁、攻击等。

结合以上三个部分可以看出，当挫折情境、挫折认知和挫折反应三者同时存在，则构成了典型的挫折。但如果缺少挫折情境，只有挫折认知和挫折反应，也可以构成挫折。也就是说，当一个人遇到了实际的挫折情境或者自认为遭遇某种挫折情境，并且知觉到挫折情境的不利影响，产生了相应的主观感受或者情绪反应时（一般是消极的），就形成了现实的、能够感受到的挫折。

（三）挫折的基本特征

1. 普遍性

人生中的不如意的事情总是会发生，古话"祸兮福所倚，福兮祸所伏"，讲的就是生活中所有的事情都具有两面性，可能灾祸的另外一面是福气，而福气的旁边也伴随着祸事。人生并不能完全如人意，人们一般祝福别人"一帆风顺""万事如意""心想事成"，这也只能是美好的愿望而已。有人说人生的美好往往并不在于其尽如人意，而在于其阴差阳错。挫折具有普遍性，挫折是生活的组成部分，如同一部电视剧，如果没有中间的起伏纠葛，这部电视剧将索然无味，而里面主人公的性格也不能很好地表现。纵观人类的文明史，无不经历过挫折与失败。我们在研究古今中外名人的人生道路时，越发能感受到，他们有哪个不是在逆境与坎坷中磨砺出来的呢？他们的成功，更加证明了"宝剑锋从磨砺出，梅花香自苦寒来"这句名言的道理。如果一个人从小就受到了特殊的保护，不经受任何的苦难与磨炼，那么他长大成人之后，要成就一番伟业必然后劲不足，一旦遭遇挫折就可能难以承受。

2. 两面性

挫折既会给人打击，带来挫折感以及情绪上的各种波动，影响身心状态，也可以磨炼一个人的意志，使其以后遇到挫折能够很快地调整自我，提高解决问题的能力，使人变得坚强。因此，挫折就像一枚硬币，它有两个面，重要的是你能认识到这两个面并且能运用其积极的一面。辩证法也告诉我们：世上的事都具有二重性。关键是作为主体的人，如何来正视挫折，调整心理战略，把坏事、障碍变为好事、坦途。例如，学生们在学习中遇到挫折，一方面，挫折会对学习造成比较大的负效应：挫折首先引起学生情绪上的波动、不安和焦虑，会导致注意力分散，记忆力衰退，从而直接影响学生的学习。另外，学习上的受挫会引起一种沮丧心理，使学生对一切都采取消极的态度，对老师的要求也置之不理，甚至可能对自己的学习成绩漠不关心，这样的情况下，学生可能完全丧失了学习的动力，破罐子破摔。还有一些学生会做出一些攻击性的行为，学习上的受挫不能使他们从自身找原因，他们将学习的失败和这种焦虑情绪归咎于老师和同学，从而造成人际交往障碍。而另一方面，学习上的挫折也有积极的影响，学习是一种需要长期坚持不懈的劳动，这种劳动可以锻炼人的意志力和承受苦难的耐力，通过学习上的挫折，可以磨炼意志，增强人对逆境的忍受力以及通过努力战胜挫折的决心。对于大学生来说，这种锻炼尤为重要。

3. 暂时性

挫折是我们人生中的必然阶段，同时，它也是人生中的一个小插曲，并不代表我们的整个人生的失败。它只是我们在实现目标的过程中遇到的一个阻碍，这种阻碍可能导致一段时间的停滞不前，有的人能够很快地度过这一阶段，而有的人将挫折想象成一条难以逾越的鸿沟。其实，挫折是暂时的，时过境迁，很多挫折可以被人们慢慢地消化。相对于整个人生旅程，挫折只是路边闪过的一条小隧道。认识到挫折的暂时性，有利于个体更快地自我调整，重新树立起自信心，摆脱不良情绪的干扰。有的人在年幼的时候遭遇家庭方面的挫折，可能无法继续自己的学业，只好辍学，虽然错过了学习的黄金时间，但并不代表这个人从此丧失了学习的机会，他可以通过自学、上函授班、上夜校等方式，不断地在以后的人生路上追赶其他人，甚至超过很多人。有人说人生最重要的不是一开始能跑多远，而是从来不停止奔跑。

二、大学生挫折心理的产生原因

社会的变革和就业形势的严峻等社会因素；学习压力过大、人际交往不良、两性感情纠葛、经济困难等个体因素，这些因素都有可能导致大学生遭遇挫折。可以说，挫折无处不在，重要的不是避免挫折，而是理性认识挫折。研究表明，过强而且长期的压力会使人储备的能量消耗殆尽，从而引发各种疾病甚至死亡，对一些人来说，压力和挫折是一座无法逾越的大山；而对另外一些人来说，他们就是攀登者和征服者。大多数人认为压力是消极的，然而他们不知道，适当的压力是动力的源泉，可以使个体精力充沛并且激励个体在很长的一段时间内高效地工作。大学生对挫折的认识存在明显的差别，但相当多的学生对挫折的认定过于泛化。大学生对挫折的认识和体验，充分体现了他们的年龄特征和社会阅历的局限。每个人的生活经历不同，因此，对挫折的感受程度也不同。很多大学生夸大挫折的创伤，片面理解和看待挫折，既缺少抗挫折的体验，也缺乏理性的认识，反映出心理适应能力的缺陷。

大学生一直被认为是保护在"象牙塔"中的幸福的人，很多人羡慕他们可以进入到高等学府继续深造。但是现实的错综复杂以及一些内外因素，使大学生们遭受着很多挫折和压力。而导致挫折与压力的原因是多方面的，可以总结为以下两个方面。

（一）客观因素

1. 自然因素

自然因素包括一些自然灾害，如洪灾、地震、干旱等导致的经济、心理上的各种损失和挫折。2008 年的汶川地震对于灾区同胞们来说就是一个巨大的人生挫折，太多的人家破人亡、无家可归，但是他们中的很多人面对这样的天灾，还是很坚强地活下来并开始重建家园。

2. 社会因素

① 新的环境难以适应。进入大学以后，面对新生活，很多学生会手足无措，有的学生从小缺乏生活自理能力，到了学校因为寄宿生活而引起一些困难；有的学生从小没有离开家，对家庭的依赖情感还比较重，刚到学校时会有背井离乡、独自面对一切的心理；有的学生从来没有过过集体生活，进入大学之后需要在生活习惯上和大家保持一致，觉得受到了多种束缚；还有一些学生对独立学习的学习方式不适应，不知道该干什么，失去了目标感，缺乏自主学习的能力和习惯。这些适应不良都容易导致大学生产生受挫心理。

② 人际关系紧张造成的压力。很多学生在来到大学之后都会感觉大学的人际交往不如中学时代那么单纯，感觉到人与人交往的复杂性。其实来到了大学，由于大家可能来自全国各地甚至国外，地区经济、兴趣爱好、性格等方面存在不同，因此不可避免地会发生一些摩擦和冲突。有一些学生能够很快地调整自己的心态，让自己尽快地适应。而有的人则心胸狭窄，无法宽容别人，容易造成人际关系的不和谐甚至引发冲突。这种情况如果得不到很好的处理，将严重影响学生的学习生活以及身心健康。

③ 学业上的竞争压力以及学习持久紧张等原因。如学业成绩达不到自己的目标，对学习不感兴趣，找不到适合自己的学习方法等，从而产生受挫感。有的学生找不到适合自己的学习方法，即使废寝忘食，比其他人下更多的功夫，也没有得到很好的成绩回报；有些学生由于不注意用脑卫生、过度用脑、注意力下降，

以致学习效率降低，学习成绩下降，这些都会造成心理压力以及挫折心理。

④ 求职上的挫折。由于市场经济的建立和竞争机制的引入，大学生需要自己找工作，无论是学业一般的学生还是品学兼优的学生都面临着择业、就业的压力。就业压力的增加以及对个人定位的不准确，都容易使学生在求职择业的过程中受到挫折的困扰。

⑤ 经济负担的压力。高等教育的费用和成本越来越高，而高校中来自农村的学生比例也不低，这在一定程度上给一些学生造成了经济压力，尽管国家已经充分运用各种奖、助学金政策，但是仍然无法全面解决这一矛盾。不少学生囊中羞涩而另外一些学生却挥霍无度、互相攀比，这也加剧了学生的心理挫折感。

（二）主观因素

大学生的心理挫折，有相当一部分是由大学生自身的认识水平以及心理素质等因素引起的，常见的有以下四种：

1. 美好愿望的破灭导致的失望

很多学生上大学之前都对大学生活抱有非常美好的愿望，总把大学生活想象得非常美好，进入大学后发现自己的想象并非现实，就产生了心理上的失落感，感觉被骗了，以前的一切努力都白费了，这种心理还会泛化到学习生活中，但是现状又得不到改变，从而导致心理上的受挫感。

2. 生理上的挫折

一般指个体对自己的外貌、身高、体型等生理方面的不满意，或者生理上的某些缺陷（如口吃、色盲等）一时难以改变而导致的自卑心理。有些学生会对别人的生理上的不足进行嘲笑，以为别人不在意，殊不知这些嘲笑对别人造成了严重的心理阴影。

3. 恋爱上的挫折

主要表现为单相思、失恋等引起的矛盾与冲突，以及由此引发的苦闷、惆怅、失望、悔恨、愤怒等情绪。近年来，大学生由于恋爱受挫而导致的问题日渐突出。一些大学生对恋爱的本质认识不清，社会各种因素的影响导致恋爱观念的多元化等，这些都影响着大学生的恋爱心理。

4. 自身行为品质和道德品质

有的学生因为不遵守学校的规章制度，或者有一些恶习，比如吸烟、酗酒、打牌，受到了老师的批评甚至学校的处分，从而产生了愤怒、自责等心理而导致受挫感。还有个别学生的道德标准和别人不同，引起心理上的压力，也会产生挫折心理。

综上所述，大学生产生挫折的心理原因是多方面的。同时，这也与大学生本身心理承受挫折能力较差，认识较主观片面，对自我认识不够，对成功的期望过高有关，大学生应该提高自身的抗挫折能力，在力所能及的范围内降低挫折对自己的影响，使自己的身心保持在一个健康良好的水平。

第二节　挫折对大学生心理的影响

当我们遭遇挫折的时候，总会伴随着各种各样的应对方式，有积极的，也有消极的，有情绪上的，也有行为上的，长期的挫折还会带来个性上的变化。

一、消极影响

（一）挫折对身心健康的消极影响

1. 挫折导致紧张

在日常生活中，免不了经受一些带有刺激性的、不尽如人意的事情，这些事情会使人郁郁寡欢，日坐愁城，甚至生理、心理上发生病态变化。生理、心理的变化不是因为直接致病的病原体的作用，而是由于不能适应或者应付所受到的刺激引起的紧张状态造成的。心理学研究表明，挫折所导致的紧张状态对个体具有威胁性的影响，它会击溃个体的生物化学保护机制，从而降低身体的抵抗力，使身体易被病菌侵袭。这就是所谓的防御机制过当。个体处于紧张状态时的反应，从生理上来看，原本是为了防止身体受损，是一种防御机制，但是这种防御反应如果不适当，也就是对紧张状态的适应过度或不恰如其分，反而会使人生病。

2. 挫折导致生理疾病

人在遭遇挫折时，精神处于高度紧张状态，这种状态持续时间如果太长，就会影响到身心健康。在面对挫折时，不少人都会情绪低落、精神不振，有的人甚至还会产生生理疾病。最健康的人是那些对婚姻、家庭和职位都感到满意的人，而在婚姻破裂、家庭负担过重或对工作感到灰心失望而又无法摆脱的人中，疾病的发生率最高。

3. 挫折导致心理和行为失调

个体由于遭遇挫折，引起情绪紧张、苦恼、失望等消极反应。如果是重大的挫折，则会引起情绪状态的剧变，直接使神经系统，特别是大脑功能处于紊乱、失调状态，严重影响个体心理和行为的变化。主要表现如下：

① 影响个人对成功和失败的态度。经常遭遇挫折的人，常常会把失败归因于自己的无能、愚笨或者个性中的缺点、弱点，并且总认为自己不行，不会成功，而把成功归因于运气、机会、命运、他人的权力、自然界的力量等外在的因素，从而失去了对自己应有的信心。

② 影响个人的抱负水平。经常遭遇挫折的人，往往过低估计自己的能力，过高估计各种困难，信心不足，从而降低了个体的抱负水平，影响了进取的积极性，难以达到预定的目标，最后可能变得胸无大志、得过且过、无所作为。

③ 影响个体能力的发展。经常遭遇挫折的人，常使个体的情绪处于不良的状态之中，大脑会释放一种使人身心疲惫的有害物质，从而影响个体分析和解决问题的能力。这种人常以"脑子笨""我不行""适应不了"等来逃避面临的难题或充满挑战性的问题。

④ 影响个体的行为表现。经常遭遇挫折的人，常使个体处于应激的状态下，感情易冲动，控制力差，往往不能约束自己的行为，不能正确评价自己的行为意义，不能估计自己行动的后果，以至于言语偏激，甚至发生攻击行为，违反社会规范，严重的则会触犯法律。

（二）应对挫折的消极反应

应对挫折的消极反应，也称为情绪性反应。正在经历挫折或者经历挫折后，有些人会产生一些消极反应，通常指失常、失控，以及对自己、他人和社会造成危害的情绪行为。以下是七种常见的不良的挫折反应。

1. 攻击

当挫折降临的时候，有的人会马上引发一种愤怒的情绪，认为自己没有错，都是引发挫折的人和物导致的，可能会对其直接攻击以保护自己；有时候不敢直接攻击引起挫折的人或者物，可能会将这种愤怒的情绪转移到无关的人或物身上。前者为直接攻击，后者则为转向攻击。直接攻击比较容易出现在那些自我感觉良好，自我评价较高，或者比较冲动、鲁莽，缺乏生活经验的学生身上。转向攻击常出现在那些自信心比较差，情绪悲观、压抑或者自我控制能力比较强的学生身上。他们往往会在受挫后陷入自责或者惩罚自己，严重的可能会引起心理障碍，甚至自杀。另外，转向攻击往往会伤害到一些无辜的人，比如有的人和寝室同学发生矛盾，而朝父母发脾气，父母则成了"替罪羔羊"。在大学生中，转向攻击比较普遍。

2. 冷漠

冷漠与攻击相反，冷漠是个体对环境的一种冷淡和退让，表现为对挫折环境的无动于衷和漠不关心的态度，似乎对任何外在刺激无情绪反应，表现得与自己毫无关系。实际上，其内心深处可能隐藏着很深的痛苦，是一种被压抑的情绪反应，对身心的危害通常比攻击更大。冷漠的反应多在以下情况下出现：一是长期遭遇挫折而无法摆脱；二是处境艰难，无助无望；三是心理上的恐惧不安和生理上的痛苦；四是进退两难，攻击与退缩之间矛盾冲突激烈。

3. 退化

也叫"退行"，是指个体受到挫折的时候，有的人会表现出与自己的年龄和身份不相称的一些幼稚行为，或者无理取闹，或者易受他人暗示，盲从而毫无主见。如一个人因为外在事件而导致价值观的破碎，可能暂时退回到童年期的心理特征中。这是一种不成熟的反应形式，例如，有的学生在面对考试压力时，会千方百计地躲进医院，谎称自己生病了，以此来逃避考试；有的学生挨了批评之后蒙头大睡，闹情绪，甚至无理取闹、哭哭啼啼。退化的另一种表现是受暗示性。受暗示性最经常的表现是一个人在遭遇挫折之后盲目地相信别人，盲目地去执行某个人的指示。比如，有的人在大病之后，面对假药推销的时候很容易受骗上当，盲目相信所谓的"包治百病"的各种宣传，可能导致遭遇新的挫折。

4. 固执

有的人遭遇挫折之后，不认可挫折，会采取刻板的方式盲目地重复某种无效的行为，用原来的方式不断地重现那种挫折场景，希望时间倒流，希望能够改变挫折。一意孤行地坚持自己的行为，其结果往往是使个体失去改变困境的最好时机，在挫折中越陷越深。固执行为往往是不自觉的，具有强制性的特点。例如，有的学生学习成绩滑坡，每天晚上秉烛夜读，但是效率不高，并且影响了白天的正常学习，成绩还是不见起色，于是继续学习到更晚，从而导致恶性循环。固执反应通常是由于挫折降低了人们的判断和学习新问题的能力而导致的。

5. 幻想

有时候，现实的挫折让我们无法忍受，我们就会躲在幻想的光彩下，在幻想中享受幸福时光。以非现实的方式达到目标，甚至通过白日梦的形式实现自己的目标，从而在某种程度上缓解焦虑。例如，一个学生成绩平平，求职又受挫，恋爱失败，后来便不再努力，而是将自己成天关在屋子里，想象自己是一个成功的人士，设计出一套套自己成功的方案，想象遭遇了挫折之后遇到了"贵人相助"，从而让自己"平步青云"，身家百万，根本不需要工作，只需要在头脑中完成自己的"巨作"就成。

6. 文饰

还有一种心理主要体现为文过饰非，可以简称为文饰心理，这种心理也属于由精神分析学家弗洛伊德提出的一些心理防御机制中的一方面。文过饰非的心理就是指当人们遇到挫折与困难的时候经常会采用自我欺骗的方式保护自己，对遇到的困难与失败进行事实的歪曲，通过各种心理暗示确保自身受损的心理可以得到平衡，摆脱低迷的气氛，这种方法可以有效地抚平自身的心理创伤。

这种行为一般情况下会有以下两种表现形式。

① "酸葡萄"反应行为。对于大多数人来说，一些难以得到的东西会令自身产生"酸葡萄"的反应，这种心理可以帮助求而不得的自己获得心理上的平衡。就比如一个唱歌技能不佳的学生会诋毁唱歌这种行为，将其进行无限贬低；对于追求不到的女生，有些男生极力寻找女生的缺点；没钱的人会说自身有着有钱人无论如何也追求不到的幸福；成绩差的学生会说成绩好的学生只会死读书，生活过得毫无乐趣。这些行为表现在一定程度上是可以接受的，能够帮助当事人避免

因得不到某些东西而产生无法调节的困扰。

②"甜柠檬"反应行为。在生活中会遇到各种各样的挫折与困难，在面对这些难题的时候可以回想曾经的美好，生活不只是不如意，这样可以减少自身的纠结与痛苦。

文饰心理经常被使用于化解紧张心理，调节情感，减少精神压力的情况下，这种方法有助于减少各种过激反应的发生。但是文饰心理不只是有正面效果，还有一些负面效果，比如会导致当事人产生自我欺骗与自我麻痹的情况，这种消极的处理方式会严重阻碍个人对外界环境的适应，不利于当事人对外界环境进行探索。

7. 轻生

轻生是最为消极的一种挫折反应。当遭遇挫折的时候，有的人忽然觉得这个挫折靠自己是无法解决的，整天闷闷不乐，唉声叹气。这些烦恼和苦闷经过一段时间积累，就会使人对事态产生恐惧心理，自尊心下降，对生活失去信心，对现实感到绝望，而引发自杀的行为。

以上这些挫折反应是人们遭遇挫折后较直接、不由自主的反应，是个体对挫折的一种本能的对抗，它们虽然可以降低挫折的直接打击，缓解受挫后的心理压力，但是无助于解决根本问题或者改变挫折情境，反而会降低个体对挫折情境的认知能力，妨碍个体及时应对挫折，因此，它们常常是消极的。

二、积极影响

挫折是每个人都不愿意经历的，但是它又是普遍存在的，对于在挫折中成长起来的人来说，挫折对他起到了积极的作用。

（一）挫折对身心健康的积极意义

1. 挫折能提高人的认识水平

"吃一堑，长一智"，人类就是在总结失败的基础上不断进步的，人类历史上的无数成功的背后都有无数次失败。人们遭遇挫折后，如果能勇敢地面对它，积累应对挫折的经验，就降低了以后受挫的可能性。意志坚强的人面对挫折和失败，能积极总结教训，反思自己的认识过程，找出不足，采取措施，从而提高自己的认识水平和解决问题的能力。

2. 挫折能激发人的活力

人在适度紧张和面对压力的情况下，常常能最大限度地激发身心潜能，使自己的知识经验、能力技巧和智力能力达到激活的状态，身体内会产生一系列的生理反应，释放出更多的能量来面对当前的危机。这时人的注意力更加集中，思维更加敏捷，反应速度更快，力量更大，从而有利于冲破阻碍，实现目标。

3. 挫折能促使人修正行为目标和处世方法

挫折犹如一剂清醒剂，它常常在个体偏离目标或脱离实际时，亮起红牌进行警告，使个体清醒过来。工作中出现了差错，很可能是自己的知识和能力有缺陷；遭遇别人的猜疑和压制，很可能是在处理人际关系时自己不够注意方式方法；考试不理想，很可能是自己放松了对学习的要求。正是由于挫折，我们看到了自己的不足和缺陷，从而把挫折和危机看成促使自己奋发的动力，使自己不断地进步，变得更加优秀。

（二）应对挫折的积极反应

挫折有其对个体身心健康的积极影响，那是因为有的人在面对挫折的时候采取了积极的应对方式，以下就是六种应对挫折的积极方式。

1. 升华

升华是奥地利精神分析学家弗洛伊德发明的一个术语，是指将受种种因素制约而无法实现的目标或不能为社会所接受的目标加以改变，用高尚的、富有创造性和社会价值的目标取而代之，从而减轻挫折带来的痛苦。例如，一个女孩暗恋一个男生，但是男生的学习成绩很好，看不上女孩。一开始，女孩觉得很难过，但是后来她将这种悲伤的情绪转化为学习的动力。经过一段时间的努力学习，她的学习成绩竟然突飞猛进。这就是我们说的"化悲愤为力量"。

2. 补偿

因主客观条件的限制而无法实现既定的目标时，以其他可能达到成功的活动或自己的特长来取代，通过新的满足来弥补原有的欲望得不到满足和目标不能实现所带来的痛苦。例如，某人学习成绩一般，但社会工作能力很强，他可以通过在社会工作上获得的满足来弥补学习上的不足；某人受生理条件的限制不能在运动场上表现自己，但他可以刻苦学习，在学习上取得名列前茅的成绩。这就是所谓的"失之东隅，收之桑榆"。应该注意的是，补偿的行为反应并非都是积极的，由于个体实现的目标有高尚与庸俗之分，挫折后对补偿的选择也有进取和沉沦之别。因此，积极的补偿是值得赞赏和提倡的，而消极的补偿则需要改变。

3. 幽默

当一个人在遭遇挫折、身处逆境或面临尴尬的局面时，可以使用比喻、夸张、寓意、双关语、谐音等手段，以机智、婉转、风趣的方式来表达自己的意图或意见，从而化解困境，维持自己的心理平衡。

4. 表同

表同即认同：指一个人在因遭遇挫折而痛苦时，将自己想象为某一成功者，效仿其优良品质和其获得成功的经验和方法，从而使自己的思想、信仰、目标和言行更加适应环境和社会的要求，增强自信心，减少挫折感。例如，把一些历史名人、权威、楷模、老师甚至朋友当作自己认同的对象，从他们身上学习方法，汲取营养，获得动力，从而奋发图强。

5. 反向

从相反的角度和立场来看自己，与其自卑，不如自负；与其自我否定，不如夸奖自己，这样可以发现自己在过去没有认识到的长处和优点，重新认识自己，增强自信。当然，反向的积极作用也需要与具体的动机结合起来考量。一般来说，个人的行为方向和他的动机方向是相一致的，即动机发动行为促使行为向满足动机的方向进行，但是，人受挫后，自己的内在动机不能被社会所容忍，由于他不敢正面表露自己的真实动机，于是以相反方向表现出来。例如，一些内心自卑的学生，往往在同学中以高傲自大、夸夸其谈的方式掩盖自己的自卑感和孤独感。有的同学对某位异性非常倾慕，然而由于害怕遭遇拒绝而装出一副不屑一顾的样子。反向行为由于与动机相互矛盾，所以表现得过分夸张、做作。它虽然可以在一定程度上掩饰个体的真实动机，但是，掩饰包含着压抑，长期的反向行为会从根本上扭曲自我意识，动机与行为脱节，造成心理失常。

6. 转移注意力

通过做一些与目前的挫折无关的事情，或者自己比较喜欢的事情，如听音乐、唱歌、运动、郊游等来暂时转移注意力，摆脱烦恼，以避免不良情绪的持续影响。

第三节　大学生挫折心理的应对

现代社会是一个充满竞争、充满挑战、充满风险、也充满机会的社会，如何提高对挫折的适应能力，学会及时地抓住机会，变消极因素为积极因素，是每个大学生在校期间必须认真思考，努力实践的任务，并将越来越成为大学生的"必修课"。

一、挫折常在，拥抱挫折

俗话说："人无千日好，花无百日红。"挫折是人生的必修课，每个人在其整个人生中都会与挫折过招，既然挫折具有普遍性，那么与其在挫折中痛苦不堪，不如面带微笑地面对它，将挫折的好处升华，让自己在挫折中更加坚强。从哲学的角度讲，挫折与胜利，失败与成功，逆境与顺境，都是对立统一的。卡耐基在他的《吸引挫折》一书中曾写道：没有人能有足够的情感和精力，既抗拒不可避免的事实，又创造一种新的生活，你只能在两者间选择一种。我们常常觉得应对挫折是一件困难的事情，其实困难在于你自己的心态。如果内心不接受挫折，不面对它，那么挫折只会带来更大的痛苦，而这种痛苦的状态所带来的影响比挫折本身更可怕。不如给挫折一个拥抱，接纳它，正视它，挫折有时候会给我们力量，会告诉我们道理，会教会我们成长，会让我们更好地适应当代充满竞争的社会生活。

二、一分为二，自嘲宣泄

挫折与所有事物一样都具有两面性。全面而正确地认识挫折，是大学生战胜挫折的前提。挫折是无法完全避免的，在对大学生挫折的分析过程中，人们发现，真正引起大学生挫折感的，与其说是挫折、困难、失败本身，不如说是当事人对它们的认识以及采取的态度。有时候，一些本算不上什么挫折的事情，但是被脆弱的大学生们很"认真"地当作挫折；或者一些小挫折，被他们当作天崩地陷的大事。因此，大学生们在面对挫折的时候，首先，应该主动检查一下自己对挫折的认识是否存在思想上的偏差，减少挫折感。其次，要看到挫折积极的一面，挫折给人痛苦，但是也给你教诲和磨炼，使人变得聪明、坚毅和成熟，"自古雄才多磨难，从来纨绔少伟男"，古今中外，大凡有成就者，大多经受过种种挫折。平静的湖面练不出精干的水手，安逸的环境显不出时代的伟人。在全面认识了挫折之后，不妨自我调侃一下，通过一些自我贬损而达到出奇制胜的效果，从而使自己的心理达到一种高层次的平衡。自嘲常常和突发的灵感以及超常的智力联系在一起，常常有语惊四座的效果。最后，在遭遇挫折的时候，大多数人都会产生焦虑、痛苦等不良情绪，这种不良情绪需要通过某种宣泄方式发泄出来以保持心理平衡。我们的心理就像弹簧，一味地压抑，弹簧可能会变形，一旦反弹起来会有很大的力量。这些力量如果被用到破坏性的地方，可能会产生不良的后果，因此，不良的情绪需要通过一些比较有效而不具破坏性的方式宣泄出来。最常见的是倾诉，它可以获得社会支持；痛哭也是一种比较有效的宣泄方式，它可以把不良情绪宣泄出来，而且眼泪还可以把体内的某些有害物质排出，有益于身体健康和心理健康。

三、冷静分析，挫折暂存

在遭遇挫折的时候，仅仅全面认识挫折和自我解嘲可能还不足以使问题得到有效的解决，因此，我们需要在冷静之后进行客观的分析，从目标、环境、主客观条件、能力、时间机遇等方面找出受挫的原因，最好是通过内部归因的方式，将受挫归为自己不够努力，从而采取有效的补救方式，即使这一次挫折已经发生，无法避免，但可以将此次挫折作为一种人生的阅历，将之"暂时保存"起来，也可以等待下一次的机会和挑战，而中间的这段时间需要你做好充分的准备，因为机会只给准备好的人。通过冷静分析，认识问题的角度将会更加全面，观察事物的方式更加科学，从而做到正确面对社会现实，正确看待自己，并学会自我激励，辩证地看待挫折。冷静分析有利于尽快地摆脱挫折情绪，也是防止再次犯错的对策。比如，有位学生觉得自己已经下了很大的功夫学习绘画，但是老师总是不给自己高分，在期末测试中自己又得不到想要的名次，因此非常有挫败感。这时候，他除了告诉自己挫折和失败是每个人都会经历的，找好朋友倾诉或者痛哭一下之后，他还需要拿出自己的画作，请好朋友、家人、老师或在绘画方面比较有成绩的人给予评析，通过冷静分析，或许可以得到很多启发，也可以为自己以后的进步做更多的准备，避免在同一个地方再次摔跟头。

四、调动潜能，修正目标

有些挫折还在提醒你：你需要正视自己以及目标本身。有的时候，遭遇挫折是因为你给自己定的目标很不符合你自身的实际情况。比如，有个成绩比较一般的学生要求自己期末要成为班级里的学习尖子，希望自己"一口吃成一个胖子"，结果自然会令他很失望。重新认识目标的可行性，特别是对自己有足够的认识和了解，知道自己的身心状态，了解自己在什么情况下更能发挥长处甚至潜能，在对自己做出更客观、更切合实际的评价的基础上修正目标，并且一步一个脚印地接近目标，这或许才是更好地面对挫折的方式。理想的目标是指那些通过一段时间的努力可以实现的目标，心理学上有个专门的名词叫作"摘桃子"，就是说你所定的目标要像树上的桃子一样，跳一跳你就能摘得到。

五、锻造意志，铸就防线

（一）意志的概念

意志是意识的能动作用，是为了一定的目的，自觉地组织自己的行为，并与克服困难相联系的心理过程。科学家进行科研活动，学生进行学习活动等都有意志活动的参与。意志一般都与行为相联系，通过行为表现出来，所以又将其称为意志行为。

（二）意志的品质

由于人所处的主客观条件的不同，个体在意志活动中的差别很大，这反映了个体的意志特点，这就是意志品质。意志品质主要表现为以下四个方面。

1. 意志的自觉性

意志的自觉性是指个体的行动具有明确的目的性和社会性意义，并主动地按照目的调节和支配行动。有自觉性的人目的明确、信念坚定，行动中不易受外界影响。与自觉性相反的品质是受暗示性和独断。受暗示性较强的人，只能在得到提示、命令、建议后才表现出积极性，容易受别人的影响，表现为盲目行动。独断性的人往往无视客观规律，固执己见。

2. 意志的果断性

意志的果断性是指一个人能明辨是非，适时、果断、合理、迅速地作出决定的心理品质。具有果断性的人，能够全面而又深刻地考虑行动的目的和方法，懂得所做决定的重要性。在动机冲突时能够当机立断，在行动中敢作敢为，但又不失灵活性。

优柔寡断和草率是果断性的对立面。优柔寡断的人在行动中思想和情感分散，顾虑重重，患得患失，缺乏主见。草率的人在行动中懒于思考，决策缺乏科学性，容易轻举妄动。

3. 意志的坚韧性

意志的坚韧性是指个人能够时刻保持精力的充沛，能够积极面对生活，战胜生活的各种困难，具有永远向前看、向前进的品质。具有坚韧品质的人，善于长期维持与目的相符合的行为，能够坚持到底。

与坚韧品质相反的是执拗，执拗的人只承认自己的意见和主张，不能正确地对待他人的合理建议，不能灵活对待情境的变化，而是一意孤行，虎头蛇尾。

4. 意志的自制力

意志的自制力是指在人们要完成某个目标的时候，能够很好地控制自己的言行和情感等，这些都是属于意志品质。只有具有强大自制力的人，才能表现出组织性、纪律性强，情绪稳定，注意力高度集中。

与自制力相反的是任性和容易冲动。这种人在行动中对自己往往不加约束，放任自流，为所欲为，容易受到不良诱惑的干扰。

（三）大学生培养意志品质的方法

1. 树立高尚的理想，确立恰当的目标

经过无数的实践证明，如果一个人的目标定得越明确、越具体，那么这个人的目标就越容易达成。拥有远大的理想再加上目标坚定明确，才能更好地培养一个人的坚强意志。那些心中有大梦想的人有足够的勇气面对困难，克服挫折。因为目标明确，所以心无旁骛，一步步实现目标，也培养了自己的意志力。大学生应该树立起崇高的理想，拥有积极的价值观和人生观，不断努力成长，成为被社会认可的拥有远大目标的人，并坚定实现目标。

2. 提高对意志品质的认识，树立正确的挫折观

人的心理过程就是知、情、意、行的统一。认知是一切心理过程的基础，同时任何心理过程都需要情感作动力，意志作保障，并付诸实践行动。拥有强大的意志才能克服困难。大学生要想克服困难，首先就要对困难和挫折有一个正确的认识，在付出时间行动之前做好心理准备。挫折在生活中是很常见的，挫折是生活的一部分。面对挫折不要害怕，要坚信我们一定可以战胜它，变挫折为前进的动力。

3. 运用榜样的力量提高意志品质

人的生活需要榜样的力量。榜样能够影响人的心理和行为。大学生培养自己的意志品质不仅可以通过自我锻炼，而且可以学会使用榜样的力量，学习榜样的做法和品质，通过模仿达到自己的目标。大学生活中可以借鉴的榜样有很多，父母、老师和同学等都可以成为我们学习的榜样。榜样对于大学生的成长作用也是不可替代的。

参考文献

[1] 徐英杰，陈凯 . 大学生心理健康 [M].3 版 . 厦门：厦门大学出版社，2020.

[2] 王玉杰 . 大学生心理健康 [M]. 北京：北京工业大学出版社，2018.

[3] 梁丽娟，杨清荧 . 大学生心理健康 [M]. 延吉：延边大学出版社，2017.

[4] 孙晋芳 . 大学心理健康教育工作创新 [J]. 西部素质教育，2022，8（15）：117-119.

[5] 刘燕，李曼曼，刘恋，等 . "培根铸魂、启智润心"引领下大学生心理健康教育实施路径 [J]. 连云港师范高等专科学校学报，2022，39（2）：82-86.

[6] 刘亚敏 . 积极心理学视角下高校大学生心理健康教育策略分析运用 [J]. 邯郸职业技术学院学报，2022，35（2）：68-71+74.

[7] 谢宗谟 . 高校大学生心理健康教育与措施分析 [J]. 现代职业教育，2022（22）：172-174.

[8] 王茜，王若凡，吴凡 . 构建大学生心理健康教育模式的理论探讨 [J]. 品位·经典，2022（10）：134-137.

[9] 王敏 . 积极心理学与大学生心理健康教育之我见 [J]. 山西青年，2022（9）：190-192.

[10] 余果儿 . 大学生网络心理健康教育研究 [J]. 心理月刊，2022，17（9）：220-222.

[11] 刘文君 . 新时代高校大学生心理健康教育路径的优化探析 [J]. 教育信息化论坛，2022（5）：93-95.

[12] 任博华 . 大学生心理健康教育课程建设：生涯发展视角下的新思路 [J]. 大连干部学刊，2022，38（4）：53-59.

[13] 汪瑾璇. 初探网络对大学生心理健康的影响及对策 [J]. 山西青年，2022（7）：193-195.

[14] 杨小东，魏雪梅，张婷婷. 自媒体时代大学生心理健康教育面临的机遇、挑战及优化策略 [J]. 广东石油化工学院学报，2022，32（2）：63-66.

[15] 严云鹤，郭天梦. 学校社会工作介入大学生心理健康教育工作路径探析 [J]. 青少年研究与实践，2022，37（2）：76-82.

[16] 项瑜. 大学生心理健康教育课程建设的思考 [J]. 湖州职业技术学院学报，2022，20（1）：10-13+18.

[17] 蒲转莉. 重大突发事件对大学生心理健康的影响及对策研究 [J]. 山西青年，2022（5）：190-192.

[18] 益西卓玛. 大学生心理健康教育实施路径探析 [J]. 中国多媒体与网络教学学报（上旬刊），2022（3）：70-73.

[19] 朱永卓. 创新大学生心理健康教育模式，提升大学生心理素质 [J]. 东方养生，2022（2）：141-143.

[20] 许淑琴，陈丽华，哈斯其美格. 高校大学生心理健康教育的系统化探究 [J]. 科教导刊，2022（5）：130-133.

[21] 屈子睿. 大学生心理健康教育中存在的问题及对策探索 [J]. 产业与科技论坛，2022，21（2）：78-79.

[22] 孙晋芳. 贫困大学生心理健康教育策略探讨 [J]. 教育观察，2022，11（2）：37-39.

[23] 王庆. 互联网语境下大学生心理健康教育话语传播主要矛盾研究 [J]. 才智，2022（1）：92-94.

[24] 切克太. 关于大学生心理健康教育的保障体系的几点思考 [J]. 中国多媒体与网络教学学报（上旬刊），2022（1）：117-120.

[25] 曹毛毛. 大学生心理健康教育研究的趋势 [J]. 太原城市职业技术学院学报，2021（12）：153-155.

[26] 施桂红. 大学生特殊群体心理问题特征及其教育管理研究 [J]. 江苏第二师范学院学报，2021，37（6）：97-102.

[27] 仲卫，朱凤书，颜军. 大学生心理健康教育干预方案的实施及有效性研究 [J].

西部素质教育，2021，7（24）：22-24.

[28] 李子默. 基于积极心理学视角的大学生心理健康教育创新路径研究 [J]. 成才之路，2022（27）：5-8.

[29] 杨治菁. "Z 世代"大学生心理健康教育模式差异分析 [J]. 才智，2022（28）：164-167.

[30] 于蕊，井波然. 大学生心理健康教育课程建设现状及改进策略 [J]. 才智，2022（27）：99-102.